Moderne Weihnachtsbäckerei:

die besten 50 Rezepte - glutenfrei, zuckerfrei, vegan und Rohkost

So geht backen heute!

Von

Carola Schürmann

Einleitung ___ *1*

Zucker: Warum ist Industriezucker so schädlich? ___ *2*

Gute Zuckeralternativen fürs Backen ___ **5**

Gluten: Was ist das? ___ *8*

Gluten: Alternativen ___ **10**

Gesund backen: Glutenfrei und zuckerfrei backen ___ *13*

Klassische Weihnachtsplätzchen ___ **16**

Butterplätzchen ___ 16
Zimtsterne ___ 17
Vanillekipferl ___ 18
Marzipankartoffeln ___ 19
Kokosmakronen ___ 20
Spekulatius ___ 21
Spritzgebäck ___ 23
Kokosstangen ___ 24
Kokos-Mandel-Splitter ___ 25
Haferkekse ___ 26
Engelsaugen ___ 27
Honigkuchen ___ 29
Weihnachtshörnchen mit Marzipangeschmack ___ 31

Cookies und Muffins ___ **32**

Mandelkekse ___ 32
Doppeldecker mit Cremefüllung ___ 33
Bohnen-Brownies ___ 35
Klassische Brownies ___ 36
Nussige Muffins mit Schokolade ___ 37
Schoko-Apfelmus-Brownies ___ 38
Zuckerfreie Quarkbällchen ___ 40
Klassische glutenfreie Butterkekse ___ 41
Saftige Schokocookies ___ 42
Muffins mit Bananengeschmack ___ 43
Vegane Kekse mit Rhabarber ___ 44
Vegane Pfannkuchen ___ 45
Donuts ___ 46

Gesunde rohe Backrezepte ___ **47**

Brownie-Kügelchen ___ 47

Mandel-Energy-Balls 48
Rohe Lebkuchen-Torte 49
Rohveganer Kokoskuchen mit Schokoglasur 50
Fruchtiger Mango-Kuchen 51
Rohvegane Kekse 52
Rohvegane Walnuss-Mandel-Cookies 53
Veganer Himbeerkuchen 55
Rohvegane Pralinen 56
Tiramisu – gluten- und zuckerfrei 57

Kuchen 59
Veganer Kuchen mit Karotten 59
Glutenfreie Torte mit Johannisbeeren 61
Zuckerfreier Käsekuchen 63
Streuselkuchen mit Äpfeln 64
Pflaumenkuchen 66
Schokokuchen 67
Bananen-Schoko-Kuchen mit Schokoladenglasur 68
Gluten- und zuckerfreier Marmorkuchen 70

Gesunde Brote 72
Bananenbrot 72
Haselnussbrot 74
Kastanienbrot mit Rosinen 75
Flohsamen-Brot mit Trockenfrüchten 76
Früchtebrot 78
Veganes Kokos-Brot 79

Fazit 81

Weitere Bücher von Carola Schürmann 83

Haftungsausschluss 84

Impressum 85

Einleitung

Gerade in der Weihnachtszeit gehören verlockende Gebäckteller einfach mit dazu – beim Treffen mit Freunden, der Familie und beim Kaffeetrinken an den Adventssonntagen. Überhaupt locken Kuchen, Kekse, Brownies und süße Brote mit weihnachtlichen Gewürzen. Industriezucker, Weißmehl und Gluten führen aber allgemein zu gesundheitlichen Nachteilen, fördern Übergewicht und führen bei vielen Menschen zu Magen- und Darmbeschwerden.

Gesunde Backrezepte sind die Lösung für dieses Problem und diese sind alles andere als langweilig – einige klassische Alternativen zu Weißmehl und zu Industriezucker sorgen für viel Geschmack ohne Magenschmerzen. Darüber hinaus bieten Alternativen zum Industriezucker in vielen Fällen mehr Nährstoffe, lassen den Blutzuckerspiegel nicht so schnell ansteigen und reduzieren das Risiko, an Krankheiten wie an Diabetes Typ 2 zu erkranken. Bei einer Glutenunverträglichkeit ist es ohnehin wichtig, auf Gluten in jeder Form zu verzichten, da heftige Beschwerden wie Durchfall und weitere Magenprobleme sonst meist die Folge sind.

Nicht zuletzt essen wir sowieso schon viel zu süß und haben das Gefühl für eine natürliche Süße in vielen Fällen verloren. Mit dem Verzicht auf Industriezucker und der Umstellung auf gesündere Alternativen oder auf die Süße von Früchten wie von Bananen, Äpfeln und Datteln ist es daher möglich, die Geschmacksnerven wieder an den natürlichen Geschmack zu gewöhnen. Nach einiger Zeit schmeckt dann der klassische Kuchen mit Zucker gar nicht mehr gut – ehrlich!

Der Schwerpunkt dieses Buches liegt auf weihnachtlichen Rezepten, doch es sind auch zahlreiche Rezeptvorschläge vorhanden, die über das ganze Jahr jede Kaffeetafel verschönern. Alle Rezepte sind glutenfrei, frei von Industriezucker und ein Großteil der Rezepte ist zudem vegan. Außerdem werden rohvegane Optionen genau wie süße Früchte- und Bananenbrote oder klassische Weihnachtsplätzchen vorgestellt. Viel Spaß beim Ausprobieren und Nachbacken!

Zucker: Warum ist Industriezucker so schädlich?

Zucker wird mittlerweile regelrecht verteufelt. Aber Zucker ist grundsätzlich nicht gleich Zucker. Wenn man vom Industriezucker spricht, ist in der Regel der konventionelle weiße Haushaltszucker gemeint. Diese Art von Zucker wird aus den Zuckerrüben extrahiert, also gewonnen, und kommt in extrem vielen Lebensmitteln zum Einsatz.

Beim Extrahieren wird der Industriezucker so weit gereinigt, bis keine Spurenelemente, Mineralien oder Vitamine mehr vorhanden sind.

Von Natur aus bieten diese Rüben eine Reihe an gesundheitlichen Vorteilen wie Kalium, Vitamin C oder Magnesium.

Da in dem Industriezucker diese wertvollen Stoffe fehlen, bietet er keinen Mehrwert für den menschlichen Organismus. Durch das Extrahieren und Reinigen verändert sich zudem der Geschmack und hinterlässt eine weitaus stärkere Süße als es bei natürlichen Zuckersorten der Fall ist.

Haushaltszucker besteht aus den zwei Komponenten Glucose und Fructose. Während Glucose direkt in die Blutlaufbahn gelangt und zur Energiegewinnung genutzt wird, muss Fructose erst in der Leber abgebaut werden. Je mehr Fructose aufgenommen wird, umso mehr Arbeit muss die Leber leisten. Bei einem übermäßigen Konsum wandelt die Leber die Fructose in Fett um, das sich anschließend an den Organen festsetzt.

Diese Art von Körperfett kann zu schwerwiegenden Folgen führen. Hierbei kann es zu den Gesellschaftskrankheiten wie Diabetes Typ 2, Herz-Kreislauf-Erkrankungen, Schlaganfall oder Übergewicht kommen.

Des Weiteren verleitet der äußerst süße Geschmack von Fruchtzucker (Fructose) zu Heißhungerattacken und fördert das Verlangen nach immer mehr Süßem. Aber nicht nur der Fruchtzucker ist in großen Mengen schädlich. Glucose hat ebenfalls negative Auswirkungen auf den menschlichen Organismus.

Durch den hohen Zuckerkonsum wird nämlich mehr Insulin ausgeschüttet, als überhaupt vonnöten wäre. Dadurch geraten die Insulinproduktion der Bauchspeicheldrüse und Zuckerverwertung aus dem Gleichgewicht, sodass eine regelrechte Resistenz gegen das Insulin die absehbare Folge ist.

Weitere Folgen eines erhöhten Zuckerkonsums können sein:

- ✓ Vermehrte Kariesbildung und Zahnschäden
- ✓ Zerstörung der Darmwände

- ✓ Schwächung des Immunsystems
- ✓ Behinderung der natürlichen Verdauungsfunktion
- ✓ Auftreten von Mangelerscheinungen
- ✓ Beeinträchtigung der Herzarterien
- ✓ Förderung des Wachstums von Tumoren sowie grundsätzlich von Bakterien
- ✓ Langzeitfolgen wie Diabetes, Alzheimer, Arthrose oder Multiple Sklerose
- ✓ Entzug wichtiger Mineralstoffe, wie zum Beispiel Calcium, aus dem Körper, dadurch möglicherweise Entstehung von Osteoporose
- ✓ Beeinträchtigung des Nervensystems
- ✓ Beeinträchtigung des Wiederaufbaus von Körperzellen

Das größte Problem jedoch besteht darin, dass sich die meisten Menschen nicht über ihren Zuckerkonsum und die tatsächliche Menge an Zucker bewusst sind, die sie zu sich nehmen. Zudem sind die meisten verarbeiteten Lebensmittel mit weitaus mehr Zucker angereichert, als überhaupt aus gesundheitlicher Sicht zugelassen werden sollte. Viele Menschen sind außerdem gar nicht darüber informiert, welche Schäden Fruchtzucker anrichten kann. Dadurch, dass es mit dem Wort „Frucht“ in Verbindung steht, wird die eigentliche Auswirkung enorm verharmlost. Denn mit Frucht wird schließlich Obst assoziiert, das in der Regel die Gesundheit fördert.

Ein weiterer Aspekt des Zuckers ist das Suchtverhalten, also eine sich entwickelnde Sucht nach dem süßen Stoff. Inzwischen haben Forscher herausfinden können, dass industrieller Zucker eine ähnliche Wirkung im Körper hinterlässt wie beispielsweise Heroin oder Kokain. Das ist darauf zurückzuführen, dass durch den hohen

Konsum von Zucker zusätzlich die Ausschüttung von mehr Endorphinen angeregt wird. Sobald weniger oder kein Zucker über Stunden oder Tage verzehrt wird, kommt es zu Mangelerscheinungen wie genervte Stimmungslage, hohe Reizbarkeit, Kopfschmerzen, launisches Verhalten oder Unwohlsein. Ähnlich sind die Entzugserscheinungen bei verschiedenen Drogen.

Forscher und Wissenschaftler untersuchen derzeit, ob Zucker mitverantwortlich für die Entstehung von Krebs ist und inwieweit eine zuckerfreie Ernährung dabei helfen kann, Krebs vorzubeugen oder gar zu heilen.

Die World Health Organisation empfiehlt, eine maximale Tagesmenge von 25 Gramm Zucker nicht zu überschreiten. Damit sind ausschließlich Zuckerzusätze wie der Haushaltszucker, Malzzucker oder Sirup-Varianten gemeint.

Natürliche Zuckerarten, die beispielsweise in Milchprodukten, in Obst und Gemüse vorkommen, werden nicht zu der genannten Menge dazugezählt. Das heißt also im Klartext, dass Zucker, der sich in Marmelade, Gebäck, Soßen, Fruchtjoghurts, Aufstrichen und ähnlichen Lebensmitteln befindet, so weit wie möglich vermieden werden sollte.

Gute Zuckeralternativen fürs Backen

Vor dem Vorstellen der einzelnen Zuckeralternativen beim Backen ist es wichtig zu wissen, dass sich diese in ihrer Süßkraft unterscheiden und den Zucker nicht eins zu eins ersetzen. Zudem ist zwischen festen und flüssigen Zuckeralternativen zu unterscheiden.

Wenn flüssige Zuckervarianten, wie zum Beispiel Honig oder Agavendicksaft, verwendet werden, sollte die zusätzliche Flüssigkeitszufuhr in Form von Wasser, Milch oder Ähnlichem um 10 bis 20 Prozent reduziert werden.

Die erste Gruppe der Zuckeralternativen besteht aus Agavendicksaft, Honig und Ahornsirup. Diese Varianten sind im Gegensatz zum Haushaltszucker reich an Vitaminen und Mineralien. Jedoch kann man mit ihnen nicht viele Kalorien einsparen.

Des Weiteren ist zu bedenken, dass Honig, Ahornsirup und Agavendicksaft einen unterschiedlichen Eigengeschmack aufweisen und folglich das Backergebnis beeinflussen. Es kann außerdem passieren, dass das Gebäck beim Backen durch diese Zuckeralternativen schneller braun werden. Hier empfiehlt es sich, einfach eine Alufolie über die Backware zu legen, um die Bräunung etwas einzudämmen.

An dieser Stelle ist es noch ganz wichtig anzumerken, dass die drei genannten Zuckeralternativen einen erhöhten Fruchtzuckergehalt aufweisen und dadurch zum einen süßer schmecken und zum anderen für manche Menschen schlechter verträglich sein können.

Als Richtlinie kann man sagen, dass bei Honig, Agavendicksaft und Ahornsirup insgesamt nur 80 Prozent der ursprünglich verwendeten Menge an Zucker nötig ist. Aus 100 Gramm Industriezucker werden dann etwa 75 bis 80 Gramm Ahornsirup, Agavendicksaft oder Honig.

Als weitere Zuckeralternative bietet sich das Süßungsmittel Stevia an. Inzwischen werden viele „zuckerfreie“ Softdrinks mit Stevia angereichert. Stevia wird aus der gleichnamigen Pflanze aus

Südamerika gewonnen. Dort werden die Blätter getrocknet und zerrieben. Stevia besitzt eine extrem starke Süßkraft. So ist das verarbeitete Süßungsmittel bis zu 300 Mal süßer als herkömmlicher Zucker – es sollte daher ganz vorsichtig dosiert werden.

Das kann beim Backen sowohl Vorteile als auch Nachteile bringen. Wenn der Zucker nicht als tragende Zutat für die Masse eingesetzt wird, kann Stevia wirklich hilfreich sein. Es ist gleichzeitig eine sehr kalorienarme Variante. Denn um dieselbe Wirkung wie eine Menge von 100 Gramm Zucker zu erzielen, muss nur 0,3 Gramm Stevia eingesetzt werden.

Der Nachteil hierbei ist natürlich, dass sich die Menge nicht abschätzen lässt, da kaum eine Küchenwaage für diese kleinen Mengen konzipiert ist. Außerdem hinterlässt Stevia nach dem Backen teilweise einen unangenehmen, bitteren Geschmack, der durch die Bitterstoffe der Pflanze verursacht wird.

Eine Zuckeralternative, die im Vergleich zum herkömmlichen Zucker fast ideal ist, ist der Kokosblütenzucker. Diese Variante hat einen leicht karamellähnlichen Geschmack und erinnert an Rohrohrzucker. Außerdem liefert der Kokosblütenzucker wertvolle Vitamine und Mineralien wie Kalium sowie Magnesium. Des Weiteren ähnelt der Kokosblütenzucker dem Haushaltszucker in Bezug auf die Konsistenz, den Geschmack und die Kalorienwerte am ehesten. Ein großer Nachteil besteht jedoch hinsichtlich des Kostenfaktors, denn Kokosblütenzucker kann bis zu zehnmal teurer sein als herkömmlicher Haushaltszucker.

Die letzte hier vorgestellte Zuckeralternative setzt sich aus mehreren Zuckeralkoholen zusammen und hat nahezu keine

Kalorien. Hierbei handelt es sich um Erythrit. Dieses Süßungsmittel hat eine Süßkraft von etwa 70 Prozent im Vergleich zum weißen Zucker. Gängige Hersteller von Erythrit, der vielfach anders bezeichnet wird, findet man im Internet.

Bei einem Hefeteig eignet sich diese Zuckeralternative allerdings nicht, da die Zuckeralkohole durch die Hefe nicht ideal aufgespalten werden, sodass Kohlenstoffgase entstehen, die den Teig aufgehen lassen. Dadurch erscheint der Teig etwas kompakter. Des Weiteren kann Erythrit bei übermäßigem Konsum zu Verdauungsproblemen wie Blähungen und Durchfall führen. In kleinen Mengen ist Erythrit aber eine praktische Alternative zu klassischem Zucker.

Gluten: Was ist das?

Gluten findet sich nahezu in jedem verarbeiteten Lebensmittel. Brot, Müsli, Gebäck, Pizza, Pasta, Burger und viele weitere Produkte sind voll mit diesem Stoff. Zugleich leiden immer mehr Menschen unter der Krankheit der Glutenunverträglichkeit, die auch Zöliakie genannt wird.

Gluten ist ein Pflanzenprotein, das als natürliches Pestizid gegen Fressfeinde dienen soll. Während jede Spezies evolutiv eine Funktion entwickelt, um mit den Gesetzen der Natur mithalten zu können und zu überleben, haben einige Pflanzen ein natürliches Schutzmittel in Form eines Proteins entwickelt.

Dieses Pflanzenschutzmittel soll dabei helfen, dass sich die Pflanze selbst vollständig entwickeln und Früchte tragen kann. Gluten unterstützt und schützt die Samen beim Wachsen. Somit ist Gluten dafür verantwortlich, dass die Samen für den Fressfeind entweder unbekömmlich oder gar giftig werden.

In vielen Fällen wird Gluten als schädlich deklariert, in anderen Fällen wiederum als gesund bezeichnet. Eine eindeutige Antwort darauf, ob Gluten nun schädlich oder unbedenklich ist, muss jeder für sich selbst finden. Wer aber nach dem Verzehr glutenhaltiger Lebensmittel häufig Verdauungsprobleme verspürt, sollte seinen Glutenkonsum dringend minimieren – ein vollständiger Verzicht auf Gluten ist ebenfalls möglich und mit ein wenig Umdenken gar nicht so schwer umzusetzen.

Aus ernährungsphysiologischer Sicht wird Gluten als komplexes Protein betrachtet. Grundsätzlich ist unser Organismus nicht dafür geschaffen, komplexe Aminosäureketten zu spalten. Weder die menschliche Magensäure noch bestimmte Verdauungsenzyme sind dazu in der Lage.

Daher ist Gluten eher eine Belastung für das menschliche Verdauungssystem. Weiterhin kann Gluten unverdaut die Funktion anderer Verdauungsenzyme hemmen, die Kohlenhydrate spalten oder andere Proteine verwerten. Dadurch sinkt die biologische Wertigkeit der aufgenommenen Stoffe. Zudem werden dadurch Allergien und Unverträglichkeiten begünstigt. Wenn das Gluten schlecht oder nicht verdaut wird, bildet der Körper Abwehrstoffe. Diese sorgen dafür, dass das aufgenommene und unverdauliche Gluten schnellstmöglich vom Körper wieder ausgeschieden wird. Infolgedessen treten die typischen Symptome der Zöliakie auf, die Blähungen, Bauchschmerzen, Durchfall und sogar Erbrechen umfassen.

Eine weitere durch Gluten verursachte Folgeerkrankung kann das sogenannte Leaky-Gut-Syndrom sein. Bei dieser Krankheit entstehen winzige Risse und Löcher in der Darmwand, die dazu führen, dass die aufgenommenen Nährstoffe nicht vollständig verdaut werden können und Toxine (organische Giftstoffe) in die Blutlaufbahn gelangen.

Vereinfacht erklärt entstehen diese Risse oder Löcher in der Darmwand durch eine vermehrte Ansammlung von Gluten an der Darmwand. Das Gluten beschädigt dabei zuerst die Darmzotten und die Zellen der Darmwand. Die Folgen sind vor allem, dass das Immunsystem starke Schäden davonträgt und die Organe von Toxinen angegriffen werden. Des Weiteren gelangen Krankheitserreger und Bakterien viel schneller und leichter in die Blutlaufbahn und verursachen Symptome wie Fieber, Schwächegefühle, Müdigkeit und vieles mehr.

Die Suche nach Alternativen zu Gluten sowie die Verwendung glutenfreier Lebensmittel ist daher ganz klar eine Überlegung wert. So können gerade Plätzchen, Kuchen und viele andere Backwaren für den Körper verträglicher glutenfrei gebacken und genossen werden.

Gluten: Alternativen

Wenn man an Zöliakie leidet oder dieser vorbeugen möchte, empfiehlt es sich, glutenfreie Mehle zu verwenden. In den meisten Fällen besteht leider das Problem, dass Mehle aus glutenhaltigen Getreidesorten wie Weizen, Dinkel, Roggen und Ähnlichem gewonnen werden. Gluten wird auch als Klebereiweiß bezeichnet, weil es wie ein Bindemittel wirkt. Ohne das Gluten im Mehl würde der Teig schnell trocken und brüchig werden.

Inzwischen gibt es aber glücklicherweise Methoden und Mittel, mit Hilfe derer das Gluten im Mehl ersetzt werden kann. Hierfür benötigt man ein oder zwei unterschiedliche glutenfreie Mehlsorten, einen Teil glutenfreie Stärke und ein Bindemittel. Diese Mischung kann als Grundlage für jedes glutenfreie Backrezept verwendet werden. Wichtig wäre aber natürlich noch, das Verhältnis dieser drei Komponenten zu wissen. Wenn man die Backmischung anrührt, sollte sie zu circa 70 Prozent aus dem glutenfreien Mehl, zu 20 Prozent aus der glutenfreien Stärke und zu 10 Prozent aus dem Bindemittel bestehen.

Wenn man mit glutenfreien Mehlsorten arbeitet, sollte man beachten, mehr Wasser für den Teig zu verwenden, als wenn man glutenhaltige Mehlsorten benutzt. Um den Teig vor dem Austrocknen zu bewahren, empfiehlt es sich, den Ofen auf Ober- und Unterhitze einzustellen. Des Weiteren muss darauf geachtet werden, dass die anderen Zutaten ebenfalls glutenfrei sind. Insbesondere beim Backpulver gibt es einige Unterschiede. Um hier auf der sicheren Seite zu bleiben, bietet sich das Weinsteinbackpulver an.

Bevor die bekanntesten glutenfreie Mehle vorgestellt werden, sollte noch betont werden, dass das Verhältnis zwischen Wasser und Mehl bei glutenfreien Backrezepten essenziell ist. Wird zu viel Mehl hinzugegeben, entsteht ein klumpiger und trockener Teig. Daher ist es unabdingbar, sich bei den glutenfreien Rezepten strikt an das Rezept zu halten und die experimentierfreudige Seite besser ganz auszuschalten.

Bei den glutenfreien Mehlen gibt es eine breite Palette an Auswahlmöglichkeiten. Im Folgenden werden die wichtigsten Mehlsorten zum Backen vorgestellt.

Reismehl: Diese Mehlsorte ist zum einen gut bekömmlich und zum anderen für Muffins und jegliche Art von Gebäck leicht zu verwenden. Wegen des milden Geschmacks kann es für süße und herzhafte Backrezepte verwendet werden. Außerdem kann Reismehl als Stärkemehl eingesetzt werden. Man kann auch mit der Vollkornvariante arbeiten. Vollkornreismehl hat jedoch einen nussigen und intensiven Geschmack. Dadurch, dass beim Vollkornreismehl die Schale mitgemahlen wurde, ist es nahrhafter und weist einen höheren Mikronährstoffanteil auf.

Mandelmehl: Mandelmehl enthält einen angenehm milden und nussigen Geschmack, der für das Backen von Gebäck, wie zum Beispiel Brownies, ideal ist. Auch zum Panieren bietet Mandelmehl eine ideale Alternative zu üblichen Mehlsorten. Zudem kann man Mandelmehl sehr schnell und bequem selbst herstellen.

Maismehl: Maismehl hat ebenso wie Reismehl die Eigenschaft, dass es sehr mild im Geschmack ist und folglich für nahezu jedes Backrezept eingesetzt werden kann. Des Weiteren sind Maismehl oder Maisstärke das ideale Verdickungsmittel bei Puddings, Soßen und Cremes.

Buchweizenmehl: Buchweizenmehl bietet hervorragende Eigenschaften beim Backen von Brot. Durch seine herzhaft-nussige Note verleiht es dem Brot einen intensiven Geschmack. Jedoch sollte der Anteil von Buchweizenmehl in Grenzen gehalten werden, da sein Geschmack ansonsten überwiegt. Es bietet sich an, das Buchweizenmehl mit einer milden Mehlsorte aus Reis oder Mais zu mischen.

Amaranth- und Quinoa-Mehl: Diese beiden Mehlsorten, die aus südamerikanischen Urkörnern gewonnen werden, haben einen sehr intensiven und nussigen Geschmack. Wenn man sie beim Backen einsetzt, bietet es sich an, auch wegen des hohen Eiweißgehaltes, eine milde Mehlsorte dazu zu mischen. Für Pizzateige, Brote oder herzhafte Backideen sind diese Mehle ideal geeignet.

Sojamehl: Sojamehl liefert einen unverwechselbaren nussigen Geschmack und kann bestens für Kuchen, Brote oder Pfannkuchen genutzt werden.

Hirsemehl: Dieses glutenfreie Mehl hat einen süßlichen und mild-nussigen Geschmack. Daher eignet sich Hirsemehl besonders für Rührteige und süße Backrezepte. Des Weiteren gehören Teff- und Sorghummehl ebenfalls zu den Hirsemehlen und sind für nahezu alle Backrezepte geeignet.

Eine weitere beliebte und häufig eingesetzte Mehlsorte bei glutenfreien Rezepten ist das Kokosmehl, welches jedoch unbedingt in genauer Angabe wie im Rezept zum Einsatz kommen sollte. Ansonsten ist Kokosmehl eine nicht gerade günstige, jedoch sehr beliebte und leckere Option für viele Backrezepte.

Zu den glutenfreien Bindemitteln gehören Leinsamen, Chiasamen, Tapiokamehl, Johannisbrotkernmehl, Guarkernmehl und Xanthan. All diese Lebensmittel haben die Eigenschaft, dass sie Wasser binden und somit den Teig luftig und saftig halten, sodass dieser nicht beim Backen austrocknet.

Gesund backen: Glutenfrei und zuckerfrei backen

Wie zuvor beschrieben gibt es durchaus gesunde Alternativen zum klassischen Industriezucker ebenso wie glutenfreie Optionen, die sich sehr gut zum Backen eignen. Vor allem in der Weihnachtszeit gehört es einfach mit dazu, leckere Plätzchen, Gewürzbrot und vieles mehr zu backen. Die folgenden Rezepte bieten leckere und dabei zugleich gesunde Möglichkeiten, wie in diesem Jahr ganz ohne Industriezucker und Gluten geschlemmt werden kann. Selbst klassische Weihnachtsplätzchen lassen sich mit einigen speziellen Zutaten so verändern, dass sie tatsächlich gesund sind.

Einige Hinweise zu den folgenden Rezepten:

Grundsätzlich können alle Rezepte auch ganz frei von tierischen Produkten zubereitet werden. Eier ersetzt man zum Beispiel mit veganem Ei-Ersatz in Pulverform. Das Gleiche gilt für Eigelb. Auch dafür gibt es gesunde Alternativen in Pulverform. Zudem gibt es ein paar hilfreiche Tipps zum Thema Ersatzprodukte für Eier direkt bei den Rezepten.

Milch kann man einfach selbst machen, wenn man eine vegane, zuckerfreie Milch bevorzugt. Einfache Rezepte hierfür sind:

- **Mandelmilch:** 100 Gramm Mandeln mindestens 6 Stunden einweichen. Die weiteren Zutaten sind 600 ml Wasser, 1 Medjoul-Dattel, ¼ TL Vanille, 1 Prise Himalayasalz. Einweichwasser wegschütten und die Mandeln nochmal abspülen. Alle Zutaten mixen, durch einen Nussmilchbeutel gießen und kräftig ausdrücken.

- **Hafermilch:** 100 Gramm glutenfreie Haferflocken, 1 Prise Salz und 1 Liter kaltes Wasser für 5 Minuten quellen lassen. Mixen und mit Hilfe des Nussmilchbeutels ausdrücken.
- **Erdmandelmilch:** 125 Gramm Erdmandeln für 24 Stunden einweichen. Die weiteren Zutaten sind 500 ml Wasser, 1 Medjoul-Dattel, ¼ TL Vanille, 1 Prise Himalayasalz. Einweichwasser wegschütten und die Mandeln nochmal abspülen. Alle Zutaten mixen und dann durch einen Nussmilchbeutel gießen und ausdrücken.
- **Kokosmilch:** 200 Gramm Kokosraspel mit 1 Liter kochendem Wasser übergießen. Kurz ziehen lassen, danach mixen. Abkühlen und durch einen Nussmilchbeutel abseihen.

Klassische Weihnachtsplätzchen

Butterplätzchen

Für etwa 45 Stück (je nach Größe der Ausstechformen)

Zubereitungszeit: etwa 30 Minuten + Kühlzeit der Plätzchen

Zutaten:

- ✓ jeweils 50 Gramm Mandelmehl und Vanille-Proteinpulver
- ✓ 100 Gramm kalte Butter in Flöckchen oder Margarine
- ✓ 1 Ei + 1 Eigelb oder vegane Alternativen
- ✓ 70 Gramm Erythrit
- ✓ 2 TL Stevia-Pulver
- ✓ 1 TL Backpulver
- ✓ Vanillepulver
- ✓ 1 Prise Salz
- ✓ 1 EL Milch + 2 Eigelb zum Bestreichen

Zubereitung:

1. Das Ei mit dem Eigelb und der Butter schaumig aufschlagen, Stevia, Salz und den Erythrit nach und nach unterrühren.
2. Alle weiteren Zutaten hinzugeben, alles zu einem Teig verarbeiten und diesen für etwa eine Stunde in den Kühlschrank stellen.
3. Den Teig dann bis zum Erreichen einer Dicke von etwa 5 mm ausrollen und mit Förmchen ausstechen, die auf zwei Backbleche verteilt werden. Den Ofen noch auf 160 Grad vorheizen.

4. Die Butterplätzchen noch mit den Eigelben und der Milch bestreichen, die vorher mit einem Schneebesen verquirlt werden. Für 10 bis 11 Minuten im Backofen backen.

Nährwerte pro Stück: Kalorien: 31, Fett: 2,5 Gramm, Eiweiß: 2 Gramm, Kohlenhydrate: 0,1 Gramm

Zimtsterne

Für etwa 32 Stück

Zubereitungszeit: etwa 30 Minuten

Zutaten:

- ✓ 100 Gramm gemahlene Haselnüsse und Mandeln
- ✓ 80 Gramm Erythrit
- ✓ 2 Eier (oder vegane Alternative) + 1 Prise Salz
- ✓ 1,5 EL Zimt
- ✓ 1 TL gemahlene Vanille
- ✓ 1 TL Zitronensaft

Zubereitung:

1. Zunächst werden die Eier getrennt, das Eiweiß wird mit dem Salz steif geschlagen. Eischnee zur Seite stellen und alle weiteren Zutaten mit dem Handrührgerät zu einem Teig verarbeiten.
2. Zum Schluss den Eischnee bis auf rund 3 Esslöffel unterheben, die Masse zu einem homogenen Teig verarbeiten, ausrollen und Sterne ausstechen.
3. Die Sterne sollten eine Dicke von rund 1 cm haben, damit 32 Stück herauskommen. Den übrigen Eischnee auf den Sternen verstreichen und diese auf zwei Backbleche verteilen, die mit Backpapier ausgelegt sind.

4. Den Backofen auf 160 Grad vorheizen und die Sterne für 10 Minuten backen.

Nährwerte pro Zimtstern: Kalorien: 76, Fett: 6 Gramm, Eiweiß: 4 Gramm, Kohlenhydrate: 1 Gramm

Vanillekipferl

Für etwa 28 Stück

Zubereitungszeit: etwa 30 Minuten + Kühlzeit für den Teig

Zutaten:

- ✓ 75 Gramm gemahlene weiße Mandeln
- ✓ 50 Gramm Mandelmehl
- ✓ 70 Gramm Erythrit
- ✓ 75 Gramm kalte Butter in Flöckchen oder Margarine
- ✓ 1 Ei + 1 Eigelb oder vegane Alternative
- ✓ 3 TL Stevia in Pulverform
- ✓ 1 TL Guarkernmehl
- ✓ 1 TL Backpulver
- ✓ ein wenig Zimt und Vanillepulver
- ✓ 2 EL Erythrit-Puderzucker zum Bestäuben der Kipferl

Zubereitung:

1. Zunächst das Ei sowie das Eigelb mit der Butter mit einem Handrührgerät schaumig aufschlagen. Dann kommen Zimt, Vanillepulver, Stevia und Erythrit mit dazu.
2. In einer zweiten Schüssel die trockenen Zutaten gründlich vermischen und diese dann löffelweise in den Teig rühren.

3. Den fertigen Teig noch einmal gründlich kneten, für etwa 3 Stunden in den Kühlschrank stellen, bevor er verarbeitet werden kann.
4. Den Backofen in der Zwischenzeit auf 160 Grad vorheizen, zwei Backbleche mit Backpapier bereitstellen und aus dem Teig Vanillekipferl formen.
5. Diese werden für rund 10 bis 12 Minuten gebacken, dann direkt mit dem Erythrit-Puderzucker bestäubt und sollten dann erst einmal vollständig auskühlen.

Nährwerte pro Stück: Kalorien: 50, Fett: 5 Gramm, Eiweiß: 1 Gramm, Kohlenhydrate: 0,5 Gramm

Marzipankartoffeln

Für etwa 18 Marzipankartoffeln

Zubereitungszeit: etwa 15 Minuten

Zutaten:

- ✓ 150 Gramm nicht entöltes Mandelmehl
- ✓ 20 ml frisch gepresster Orangensaft
- ✓ etwa 3 TL Stevia-Pulver
- ✓ jeweils 1 TL Rosenwasser und Zimt
- ✓ etwas Bittermandelaroma
- ✓ 15 Gramm zuckerfreies und rohes Kakaopulver zum Wälzen

Zubereitung:

1. Alle Zutaten bis auf das Mandelmehl und das Kakaopulver mit einem Handrührgerät verrühren und das Mandelmehl dann Stück für Stück hinzugeben. Gründlich verkneten, vielleicht noch ein wenig nachsüßen, je nach Geschmack.
2. Den Teig zu 18 Kugeln formen, diese in Kakaopulver wälzen und die Marzipankartoffeln in eine Dose geben.

Nährwerte pro Stück: Kalorien: 55, Fett: 5 Gramm, Eiweiß: 2 Gramm, Kohlenhydrate: 1 Gramm

Kokosmakronen

Für etwa 40 Stück

Zubereitungszeit: etwa 45 Minuten

Zutaten:

- ✓ 200 Gramm Kokosraspel
- ✓ 100 Gramm Erythrit
- ✓ 4 Eiweiß (oder vegane Alternative) + 1 Prise Salz
- ✓ etwas Zimt
- ✓ 1 Vanilleschote, das ausgekratzte Mark

Zubereitung:

1. Der Backofen kann schon einmal auf 150 Grad vorgeheizt werden und zwei Backbleche können mit Backpapier ausgelegt werden.
2. Zunächst das Eiweiß mit dem Salz zu Eischnee schlagen, bevor das Erythrit nach und nach untergehoben wird.

3. Dann kommen alle weiteren Zutaten langsam mit dazu, bis ein einheitlicher Teig entsteht, der dann mit einem Esslöffel in Klecksen auf den Backblechen verteilt wird. Die Menge sollte etwa für 40 Kokosmakronen ausreichen.
4. Die gesunden Kokosmakronen werden dann für 20 bis 25 Minuten gebacken.

Nährwerte pro Stück: Kalorien: 40, Fett: 3 Gramm, Eiweiß: 1 Gramm, Kohlenhydrate: 0,5 Gramm

Spekulatius

Für etwa 50 Stück

Zubereitungszeit: etwa 45 Minuten + Kühlzeit für den Teig

Zutaten:

- ✓ 200 Gramm Mandelmehl
- ✓ 300 Gramm gemahlene Mandeln
- ✓ 3 Eier (oder vegane Alternative)
- ✓ 100 Gramm Pekannüsse
- ✓ 160 Gramm flüssige Butter oder vegane Margarine
- ✓ 250 Gramm Erythrit
- ✓ 2 EL gemahlene Flohsamenschalen
- ✓ 1 TL Backpulver
- ✓ 1 TL Natron
- ✓ 1 TL Spekulatiusgewürz
- ✓ 1 Packung Vanillearoma
- ✓ 3 bis 4 EL Mandelmehl zum Bestäuben der Förmchen

Zubereitung:

1. Die Pekannüsse für rund 30 Minuten in etwas Wasser einweichen, dieses dann abgießen und die Nüsse in einer Küchenmaschine kleinhacken.
2. Eier, Butter, Spekulatiusgewürz, Erythrit und Vanillearoma mit unterrühren, bevor dann nach und nach alle trockenen Zutaten, zuletzt aber das Mandelmehl, untergehoben werden. Zu einem glatten Teig verarbeiten, der etwa 4 Stunden im Kühlschrank ruhen sollte.
3. Spekulatius-Förmchen mit dem Mandelmehl bestäuben, Spekulatius aus dem Teig formen und auf Backbleche legen, die vorher mit Backpapier ausgelegt werden. Rund 50 Spekulatius ergibt der Teig.
4. Den Backofen auf 160 Grad vorheizen und die Spekulatius für 10 Minuten backen.
5. Diese sollten beim Herausnehmen der Bleche noch leicht weich sein, da sie mit dem Abkühlen aushärten.

Nährwerte pro Stück: Kalorien: 76, Fett: 6 Gramm, Eiweiß: 4 Gramm, Kohlenhydrate: 1 Gramm

Spritzgebäck

Für etwa 20 Portionen

Zubereitungszeit: etwa 20 Minuten

Zutaten:

- ✓ 250 Gramm Erythrit
- ✓ 450 Gramm Maismehl
- ✓ 125 Gramm Mandelmehl
- ✓ 2 Eier oder vegane Alternative
- ✓ 250 Gramm flüssiges Kokosöl
- ✓ 1 Prise Salz

Zubereitung:

1. Zuerst den Ofen auf 180 Grad vorheizen. Danach Kokosöl, Zuckerersatz und Eier schaumig schlagen.
2. Nun Mandelmehl und Maismehl hinzugeben und die Zutaten gut miteinander verrühren, sodass eine homogene Masse entsteht.
3. Den Teig in eine Spritzform füllen und anschließend auf dem Backblech das Gebäck portionsweise formen.
4. Zum Schluss das rohe Spritzgebäck in dem Ofen geben und 10 Minuten backen lassen.

Tipp: Anstelle der Eier können auch 3 EL Wasser und 1 EL Chiasamen pro Ei verwendet werden. Wenn man die dunklen Körner der Chiasamen vermeiden will, können die Eier pro Ei durch 3 bis 4 EL zuckerfreien Apfelmus ersetzt werden.

Nährwerte pro Keks: Kalorien: 92, Fett: 9 Gramm, Eiweiß: 5 Gramm, Kohlenhydrate: 2,5 Gramm

Kokosstangen

Für etwa 30 Stangen

Zubereitungszeit: etwa 30 Minuten

Zutaten:

- ✓ 100 Gramm Kokosraspel
- ✓ 120 Gramm Erythrit
- ✓ 3 Eiweiße oder vegane Alternative
- ✓ 3 EL Maisstärke
- ✓ 1 Päckchen Vanillezucker
- ✓ 1 Prise Salz
- ✓ 100 Gramm dunkle Schokolade für die Glasur

Zubereitung:

1. Zuerst wird der Ofen auf 150 Grad vorgeheizt. Während der Ofen warm wird, Eiweiß steif schlagen und den Zucker sowie den Vanillezucker unterrühren. So lange weiterschlagen, bis eine glänzend weiße Masse entsteht.
2. Nun die Maisstärke und Kokosflocken hinzugeben, mischen und in eine Spritzform geben.
3. Anschließend mit der Spritzform auf einem Backblech circa 6 cm lange Streifen formen.
4. Nun die rohen Kokosstreifen im Ofen für 15 Minuten backen lassen. Währenddessen die dunkle Schokolade in einem Wasserbad zum Schmelzen bringen.

5. Nach der Backzeit die Kokosstreifen aus dem Ofen nehmen, abkühlen lassen und jeweils eine Hälfte in die Schokolade tunken. Das Rezept ergibt circa 30 Kokosstreifen.

Nährwerte pro Stück: Kalorien: 62, Fett: 6 Gramm, Eiweiß: 3 Gramm, Kohlenhydrate: 1 Gramm

Kokos-Mandel-Splitter

Für etwa 18 Stück

Zubereitungszeit: etwa 15 Minuten

Zutaten:

- ✓ 100 Gramm Mandelstifte
- ✓ 75 Gramm Kokosmus
- ✓ etwa 3 EL Erythrit + 2 TL Stevia-Pulver
- ✓ gemahlene Vanille nach Geschmack

Zubereitung:

1. In einer Pfanne werden die Mandelstifte im ersten Schritt ohne die Zugabe von Fett goldgelb angeröstet, dann den Erythrit, die gemahlene Vanille und das Stevia nach Geschmack unterrühren.
2. In einem Wasserbad wird das Kokosmus geschmolzen und die Mandeln werden in das flüssige Kokosmus hinzugegeben.
3. Auf ein Backblech oder eine Platte kommen die Mandelsplitter als Häufchen, die mit einem Esslöffel am einfachsten gebildet werden können. Rund 18 Mandelsplitter ergibt das Rezept, die vor dem Verzehr nur noch hart werden müssen.

Nährwerte pro Stück: Kalorien: 63, Fett: 6 Gramm, Eiweiß: 2 Gramm, Kohlenhydrate: 0,5 Gramm

Haferkekse

Für 24 Stück

Zubereitungszeit: etwa 30 Minuten

Zutaten:

- ✓ 100 Gramm glutenfreie Haferflocken
- ✓ 20 Gramm gemahlene Haselnüsse
- ✓ 100 Gramm Erythrit
- ✓ 50 ml ungesüßte Hafermilch
- ✓ 60 ml Rapsöl
- ✓ geriebene Schale von einer Bio-Orange
- ✓ 2 TL Lebkuchengewürz
- ✓ ½ TL Backpulver
- ✓ 1 Prise Salz
- ✓ 75 Gramm zuckerfreie Schokolade zum Verzieren

Zubereitung:

1. Die Haferflocken in einem starken Mixer zu Hafermehl verarbeiten und dann aus allen Zutaten einen Teig zusammenrühren.
2. Den Backofen auf 160 Grad vorheizen und ein Backblech mit Backpapier auslegen.
3. Aus dem Teig 24 Bällchen formen, diese auf dem Backblech platt drücken und für 12 Minuten backen.
4. Auskühlen lassen und die zuckerfreie Schokolade im Wasserbad schmelzen, die Kekse bis zur Hälfte hineintauchen, auskühlen lassen und genießen.

Nährwerte pro Stück: Kalorien: 69, Fett: 4 Gramm, Eiweiß: 1 Gramm, Kohlenhydrate: 4 Gramm

Engelsaugen

Für ein großes Blech

Zubereitungszeit: etwa 30 Minuten

Zutaten:

- ✓ 100 Gramm Reismehl
- ✓ 120 Gramm kalte Pflanzenmargarine
- ✓ 50 Gramm gemahlene Mandeln
- ✓ 60 Gramm Tapiokastärke
- ✓ 100 Gramm Erythrit
- ✓ 1 TL Flohsamenschalen
- ✓ 1 TL gemahlene Leinsamen + 1,5 EL warmes Wasser
- ✓ ½ TL Backpulver
- ✓ Schale einer halben Bio-Zitrone
- ✓ 1 Prise Salz
- ✓ das ausgekratzte Mark einer Vanilleschote
- ✓ 80 Gramm zuckerfreie Marmelade

Zubereitung:

1. Erst sollten die Leinsamen mit dem Wasser verrührt und für 10 Minuten zum Quellen beiseitegestellt werden.

2. Alle weiteren Zutaten bis auf die Marmelade nach und nach in einer Schüssel verrühren, die Leinsamen dazugeben und alles zu einem Teig verkneten.

3. Den Teig in 4 gleichmäßige, dünne Rollen formen, für gut 30 Minuten kaltstellen und im Anschluss in 1 cm dicke Scheiben schneiden.

4. Die Scheiben auf Backbleche legen, den Ofen auf 175 Grad vorheizen und vor dem Backen mit Hilfe des Stiels von einem Holzlöffel Löcher in die Plätzchen drücken.
5. Für 12 bis maximal 15 Minuten backen, die Löcher nochmal kurz nachformen und die Marmelade oder das Fruchtmus mit einem Spritzbeutel in die Plätzchen füllen.

Nährwerte für alle Plätzchen: Kalorien: 1800, Fett: 124 Gramm, Eiweiß: 16 Gramm, Kohlenhydrate: 131 Gramm

Honigkuchen

Für 8 bis 10 Portionen

Zubereitungszeit: etwa 20 Minuten

Zutaten:

- ✓ 100 Gramm Buchweizenmehl
- ✓ 150 Gramm weißes Reismehl
- ✓ 200 Gramm Honig oder Ahornsirup
- ✓ 65 Gramm Erythrit
- ✓ 100 Gramm Butter oder Ghee
- ✓ 30 Gramm gehackte Mandeln
- ✓ 2 EL Rum
- ✓ 1 großes Ei oder vegane Alternative
- ✓ 1 EL Lebkuchengewürz
- ✓ 1 TL gemahlene Flohsamenschalen
- ✓ 3 gestrichene TL Weinsteinbackpulver
- ✓ 30 Gramm gehackte Nüsse nach Wahl
- ✓ 1 EL abgeriebene Zitronenschale

Zubereitung:

1. Als Erstes den Honig oder Ahornsirup zusammen mit der Butter oder dem Ghee und dem Zucker in einem Topf erhitzen, vermischen und anschließend abkühlen lassen.
2. Danach den Rum sowie das Ei in die Masse rühren und in einer extra Schüssel das Buchweizenmehl, das Reismehl, die Mandeln, das Backpulver und die geriebenen Zitronenschalen sowie die Gewürze vermischen.

3. Nun die Buttermischung langsam mit den trockenen Zutaten vermengen und zu einer homogenen Masse verrühren.
4. Jetzt den Ofen auf 175 Grad stellen und die Teigmasse auf einem Blech, welches mit Backpapier ausgelegt wurde, verteilen und für 30 Minuten backen lassen.
5. Optional kann man hier eine Schokoglasur anfertigen, für die man einfach die Schokolade in einem Wasserbad schmelzen lässt, etwas Zitronen- oder Orangenschalen hinzufügt und die man dann über den Kuchen streicht.
6. Den Honigkuchen zum Schluss in Stücke schneiden und servieren.

Nährwerte pro Stück: Kalorien: 324, Fett: 29 Gramm, Eiweiß: 11 Gramm, Kohlenhydrate: 32 Gramm

Tipp: Das Ei kann beispielsweise durch 1 EL Chiasamen mit 3 EL Wasser oder durch fertigen Ei-Ersatz ersetzt werden.

Weihnachtshörnchen mit Marzipangeschmack

Für etwa 20 Hörnchen

Zubereitungszeit: 25 Minuten

Zutaten:

- ✓ 500 Gramm zuckerfreie Marzipanrohmasse
- ✓ 200 Gramm Erythrit
- ✓ 50 ml Mandelöl
- ✓ 2 Eiweiß (oder vegane Alternative)
- ✓ 100 Gramm Vollmilchkuvertüre (zuckerfrei)
- ✓ 150 Gramm Mandelstifte
- ✓ geriebene Zitronenschalen

Zubereitung:

1. Zuerst die Eiweiße mit dem Erythrit steif schlagen und mit dem Marzipan, der Zitronenschale sowie dem Öl zu einem Teig formen.
2. Finger kurz in ein Glas mit Wasser tunken und anschließend aus dem Teig mehrere Hörnchen formen und in den Mandelstiften wälzen.
3. Nun auf einem Blech auslegen und anschließend bei 175 Grad für 15 Minuten backen lassen.
4. Parallel die Glasur vorbereiten, indem die Kuvertüre in einem Wasserbad zum Schmelzen gebracht wird.
5. Nach der Backzeit die Hörnchen abkühlen lassen und abschließend in die flüssige Kuvertüre tunken.

Nährwerte pro Stück: Kalorien: 89, Fett: 8 Gramm, Eiweiß: 3 Gramm, Kohlenhydrate: 7 Gramm

Mandelkekse

Für etwa 20 Stück

Zubereitungszeit:

Zutaten:

- ✓ 250 Gramm Mandelmehl
- ✓ 125 Gramm weiche Butter oder vegane Alternative
- ✓ 1 Ei (oder vegane Alternative)
- ✓ 60 Gramm Erythrit
- ✓ Vanillepulver

Zubereitung:

1. Erst werden sämtliche Zutaten mit einem Handrührgerät in einer Schüssel zu einem glatten Teig verrührt, der dann für etwa 2 Stunden im Kühlschrank kaltgestellt werden sollte.
2. Den Backofen auf 150 Grad vorheizen, zwei Backbleche bereitstellen und aus dem Teig etwa 20 runde Kekse formen, die dann für 10 Minuten gebacken werden.

Tipp: Einige Kakaonibs, etwas Zimt oder gehackte Nüsse können die Mandelkekse je nach gewünschtem Geschmack noch ein wenig aufpeppen.

Nährwerte pro Stück: Kalorien: 124, Fett: 12 Gramm, Eiweiß: 3 Gramm, Kohlenhydrate: 1 Gramm

Doppeldecker mit Cremefüllung

Für 30 Kekse

Zubereitungszeit:

Zutaten für die Kekse:

- ✓ 200 Gramm gehackte Cashewkerne
- ✓ 150 Gramm weiche Butter oder vegane Alternative
- ✓ 120 Gramm Erythrit
- ✓ 100 Gramm Sojamehl
- ✓ 120 Gramm Mandelmehl
- ✓ 2 Eier (oder vegane Alternative)
- ✓ 2 TL Backpulver
- ✓ 2 TL Espressopulver (Instant)

Zutaten für die Cremefüllung:

- ✓ 30 Gramm Mandelmus oder anderes Nussmus
- ✓ 1 EL rohes Kakaopulver ohne Zucker
- ✓ 1 EL Puderzucker-Erythrit
- ✓ 1 TL Espressopulver (Instant)

Zubereitung:

1. Zunächst einmal werden die Zutaten der Cremefüllung in einem Schüsselchen verrührt und kaltgestellt.
2. Dann wird der Backofen noch auf 180 Grad vorgeheizt – zwei Backbleche können auch schon einmal vorbereitet werden.
3. Für den Keksteig wird in einer Schüssel die weiche Butter mit dem Erythrit aufgeschlagen, dann kommen alle weiteren Zutaten für den Teig hinzu, wobei von den gehackten Cashewkernen nur etwa die Hälfte mit in den Teig kommt.

Zu einem Teig verarbeiten und aus diesem 60 kleine Kügelchen formen.

4. Diese Kügelchen in den gehackten Cashewkernen wälzen, auf die Backbleche verteilen und für 10 Minuten backen, bevor sie auskühlen.
5. Die flache Seite der Kugeln, die auf dem Backblech lag, wird jetzt mit der kalten Cremefüllung bestrichen – immer zwei Kekse auf diese Weise zusammensetzen, sodass 30 Doppeldecker mit Füllung entstehen.

Nährwerte pro Keks: Kalorien: 111, Fett: 9 Gramm, Eiweiß: 5 Gramm, Kohlenhydrate: 2,5 Gramm

Bohnen-Brownies

Für etwa 6 bis 8 Brownies

Zubereitungszeit: etwa 15 Minuten

Zutaten:

- ✓ 2 Eier oder vegane Alternative
- ✓ 250 Gramm gekochte Kidneybohnen
- ✓ 80 ml Agavendicksaft
- ✓ 80 Gramm Pekannüsse
- ✓ 50 Gramm entöltes, zuckerfreies Kakaopulver
- ✓ 5 entsteinte Datteln
- ✓ 120 Gramm Butter oder vegane Alternative
- ✓ 1 Prise Salz
- ✓ ½ TL Natron
- ✓ 1TL Vanilleextrakt

Zubereitung:

1. Zuerst den Backofen auf 170 Grad vorheizen. Danach die Butter in einem erhitzten Topf zum Schmelzen bringen und nach kurzem Abkühlen die restlichen Zutaten hinzufügen, zerkleinern und zu einer homogenen Masse rühren.
2. Den Teig auf ein Blech mit Backpapier verteilen, mit grob gehackten Pekannüssen versehen und anschließend für 40 Minuten backen lassen.
3. Zum Schluss abkühlen lassen und genießen.

Tipp: Anstelle der Butter für vegane Brownies Ghee und anstelle der Eier pro Ei ½ zerdrückte Banane nehmen. Geht schnell und ist ganz einfach auszutauschen!

Nährwerte pro Stück: Kalorien: 243, Fett: 19 Gramm, Eiweiß: 6 Gramm, Kohlenhydrate: 34 Gramm

Klassische Brownies

Für 9 Brownies

Zubereitungszeit: etwa 15 Minuten

Zutaten:

- ✓ 3 Eier oder vegane Alternative
- ✓ 200 Gramm Erythrit
- ✓ 30 Gramm zuckerfreie Zartbitterschokolade
- ✓ 140 Gramm Kokosöl
- ✓ 100 Gramm Kakaopulver
- ✓ 80 Gramm Mandelmehl
- ✓ 2 TL Vanilleextrakt
- ✓ 1 TL Backpulver
- ✓ 70 Gramm Erdnüsse

Zubereitung:

1. Zuerst den Ofen auf 170 Grad vorheizen und ein Backblech mit Backpapier auslegen.
2. Nun in einem Wasserbad die Schokolade und die Butter schmelzen lassen und verrühren. Im Anschluss Erythrit, Kakao und Salz hinzumischen.
3. Danach die Eier sowie das Vanilleextrakt unterrühren und das Mandelmehl mit dem Backpulver vermischen.
4. Jetzt alle Zutaten zu einer homogenen Masse verrühren und auf dem Backblech verteilen.

5. Für 25 bis 35 Minuten backen lassen, auskühlen und in 9 Teile schneiden.

Tipp: Jedes Ei mit ½ zerdrückten Banane oder mit 1 EL Chiasamen und 3 EL Wasser ersetzen – und schon sind die Brownies vegan.

Nährwerte pro Stück: Kalorien: 256, Fett: 23 Gramm, Eiweiß: 9 Gramm, Kohlenhydrate: 4 Gramm

Nussige Muffins mit Schokolade

Für 8 bis 10 Muffins

Zubereitungszeit: etwa 15 Minuten

Zutaten:

- ✓ 150 Gramm fein gehackte Haselnüsse
- ✓ 100 Gramm Erythrit
- ✓ 100 Gramm Zartbitterschokolade
- ✓ 100 Gramm Kokosöl
- ✓ 2 Eier oder vegane Alternative
- ✓ 20 Gramm entöltes Kakaopulver
- ✓ 100 ml Hafermilch
- ✓ 80 Gramm Maisstärke
- ✓ 1 Prise Salz
- ✓ ½ TL Backpulver

Zubereitung:

1. Zuerst den Ofen auf 180 Grad vorheizen. Dann Muffinförmchen aus Silikon einfetten und zur Seite legen.
2. Nun Eier, Erythrit und Salz schaumig schlagen und mit der Milch sowie dem Öl verrühren.

3. In einer weiteren Schüssel die Haselnüsse mit dem Kakaopulver, dem Backpulver und der Stärke vermischen. Anschließend die trockene und die feuchte Mischung zu einer homogenen Masse verrühren.
4. Den fertigen Teig in die Muffinförmchen füllen und für 20 Minuten backen lassen.
5. Zum Schluss nur noch abkühlen lassen und genießen.

Tipp: 1 zerdrückte Banane ist hier der einfachste Ersatz für die beiden Eier.

Nährwerte pro Stück: Kalorien: 189, Fett: 18 Gramm, Eiweiß: 7 Gramm, Kohlenhydrate: 7 Gramm

Schoko-Apfelmus-Brownies

Für 9 vegane Brownies

Zubereitungszeit: etwa 15 Minuten

Zutaten:

- ✓ 120 Gramm Mandelmehl
- ✓ 30 Gramm Kokosmehl
- ✓ 60 Gramm entöltes, zuckerfreies Kakaopulver
- ✓ 150 ml Agavendicksaft
- ✓ 120 Gramm Kokosöl
- ✓ 1 EL Weinsteinbackpulver
- ✓ 150 Gramm Apfelmus

Zubereitung:

1. Zuerst den Ofen auf 180 Grad vorheizen. Dann alle trockenen Zutaten in einer Schüssel miteinander vermischen.
2. In einer weiteren Schüssel das Kokosöl mit dem Agavendicksaft aufschlagen und die restlichen Zutaten hinzufügen. Nun feuchte und trockene Zutaten miteinander vermischen, bis eine homogene Masse entsteht.
3. Danach den Teig auf dem Backblech verteilen und für 40 Minuten backen lassen.
4. Zum Schluss den fertig gebackenen Teig herausholen, abkühlen lassen und in 9 Portionen schneiden.

Nährwerte pro Portion: Kalorien: 211, Fett: 18 Gramm, Eiweiß: 7 Gramm, Kohlenhydrate: 21 Gramm

Zuckerfreie Quarkbällchen

Für 20 Stück

Zubereitungszeit: etwa 30 Minuten

Zutaten:

- ✓ 250 Gramm Quark (zum Beispiel Sojaquark)
- ✓ 50 Gramm Kartoffelstärke
- ✓ 2 Eier oder vegane Alternative
- ✓ 75 Gramm Erythrit
- ✓ 180 Gramm Maismehl
- ✓ 1 TL Vanilleextrakt
- ✓ ½ Päckchen Backpulver
- ✓ 1 Prise Salz
- ✓ Fett für die Fritteuse

Zubereitung:

1. Zuerst die Eier mit dem Zuckerersatz schaumig schlagen. Dann den Quark unterrühren und anschließend mit den restlichen Zutaten eine teigige Masse rühren.
2. Nun die Fritteuse vorbereiten und das Fett erhitzen. Danach einen Löffel in das Fett tauchen, um aus dem Teig die Quarkbällchen zu formen.
3. Zum Schluss die Bällchen für 2 Minuten von beiden Seiten frittieren und auf einem Küchenpapier abtrocknen lassen.

Tipp: Anstelle der Eier 1 zerdrückte Banane oder 6 bis 7 EL zuckerfreies Apfelmus nehmen, damit die Quarkbällchen vegan sind.

Nährwerte pro Stück: Kalorien: 116, Fett: 11 Gramm, Eiweiß: 4 Gramm, Kohlenhydrate: 12 Gramm

Klassische glutenfreie Butterkekse

Für 20 bis 30 Kekse

Zubereitungszeit: etwa 10 Minuten

Zutaten:

- ✓ 300 Gramm Reismehl
- ✓ 3 Eier oder vegane Alternative
- ✓ 250 Gramm Butter oder Ghee
- ✓ 200 Gramm Erythrit

Zubereitung:

1. Zuerst Butter oder Ghee mit dem Zucker mischen und mit den Eiern schaumig schlagen.
2. Danach den Ofen auf 175 Grad vorheizen. Nun das Mehl zu der Mischung hinzugeben und zu einer homogenen Masse verrühren.
3. Dann den Teig in eine Spritztüte füllen und daraus die Kekse auf einem Backblech mit Backpapier formen.
4. Nun den Teig für 10 Minuten backen lassen, abkühlen und genießen.

Tipp: Die Eier durch insgesamt 1,5 zerdrückte Bananen oder 9 EL zuckerfreies Apfelmus ersetzen.

Nährwerte pro Stück: Kalorien: 33, Fett: 7 Gramm, Eiweiß: 2 Gramm, Kohlenhydrate: 8 Gramm

Saftige Schokocookies

Für 8 Cookies

Zutaten:

- ✓ 300 Gramm Reismehl
- ✓ 1 Ei oder vegane Alternative
- ✓ 150 Gramm Zartbitterschokolade
- ✓ 65 Gramm Frischkäse oder vegane Alternative
- ✓ 1 TL Backpulver
- ✓ 300 Gramm Erythrit
- ✓ 1 EL Chiasamen
- ✓ 150 Gramm Butter oder vegane Alternative
- ✓ 1 Prise Salz

Zubereitung:

1. Zuerst den Ofen auf 180 Grad vorheizen. Danach das Mehl zusammen mit den Chiasamen, dem Erythrit und dem Backpulver in einer Schüssel vermischen.
2. In einer weiteren Schüssel Butter, Frischkäse, Salz und Ei schaumig rühren und unter die Mehlmischung heben, bis eine teigige Masse entsteht.
3. Jetzt die Schokolade in Stücke brechen und in den Teig unterrühren. Danach mehrere Cookies auf dem Backblech formen und im Ofen für 12 Minuten backen lassen.

Tipp: Anstelle der Butter Ghee, statt Frischkäse veganen Frischkäse und anstelle des Eis 3 bis 4 EL zuckerfreies Apfelmus verwenden.

Nährwerte pro Stück: Kalorien: 224, Fett: 27 Gramm, Eiweiß: 6 Gramm, Kohlenhydrate: 11 Gramm

Muffins mit Bananengeschmack

Für 8 Muffins

Zubereitungszeit: etwa 10 Minuten

Zutaten:

- ✓ 220 Gramm Maismehl
- ✓ 120 Gramm Kokosöl
- ✓ 2 reife Bananen
- ✓ 100 Gramm Erythrit
- ✓ 200 ml ungesüßte Hafermilch
- ✓ 1 Prise Salz
- ✓ 1 EL Chiasamen

Zubereitung:

1. Zuerst den Ofen auf 180 Grad vorheizen. Dann die Muffinförmchen aus Silikon ein wenig einfetten.
2. Nun das Kokosöl mit dem Erythrit und dem Ei schaumig schlagen und das Mehl mit dem Salz und dem Backpulver vermengen. Anschließend beide Mischungen verrühren und die Milch hinzugeben.
3. Dann die Banane schälen und mit einer Gabel zerdrücken. Im Anschluss in den Teig rühren.
4. Zuletzt den Teig in die Muffinförmchen füllen. Dabei darauf achten, dass diese nur zu zwei Dritteln gefüllt sind, und für 20 Minuten backen lassen.

Nährwerte pro Muffin: Kalorien: 306, Fett: 18 Gramm, Eiweiß: 5 Gramm, Kohlenhydrate: 21 Gramm

Vegane Kekse mit Rhabarber

Für 20 Kekse

Zubereitungszeit: etwa 10 Minuten

Zutaten:

- ✓ 50 Gramm Mandelmehl
- ✓ 70 Gramm Kokosöl
- ✓ 1 EL Chiasamen
- ✓ 70 Gramm Reismehl
- ✓ 200 Gramm Rhabarber
- ✓ 50 Gramm gemahlene Nüsse nach Wahl
- ✓ 50 Gramm Erythrit

Zubereitung:

1. Zuerst den Rhabarber waschen und in kleine Stücke schneiden. Dann mit den restlichen Zutaten in einen Mixer geben und zu einem Teig pürieren.
2. Anschließend den Teig in 20 Kugeln formen, diese auf dem Backblech platzieren und platt drücken.
3. Zum Schluss für 15 Minuten bei 180 Grad backen lassen – den Ofen dafür vorheizen.

Nährwerte pro Keks: Kalorien: 111, Fett: 9 Gramm, Eiweiß: 2 Gramm, Kohlenhydrate: 6 Gramm

Vegane Pfannkuchen

Für 6 Pfannkuchen

Zubereitungszeit: etwa 15 Minuten

Zutaten:

- ✓ 1 EL Sojamehl
- ✓ 100 Gramm Kichererbsen-Mehl
- ✓ 100 Gramm Buchweizenmehl
- ✓ 50 Gramm Erythrit
- ✓ 600 ml Mineralwasser mit Kohlensäure
- ✓ 1 Prise Salz
- ✓ 2 EL Kokosöl

Zubereitung:

1. Zuerst eine Pfanne erhitzen und das Kokosöl hineingeben. Dann die Mehlsorten vermengen und den Zuckerersatz sowie das Wasser hinzugeben.
2. Nun zu einem glatten Teig rühren und mit einer Kelle die Pfannkuchen portionsweise in der Pfanne platzieren.
3. Von jeder Seite ungefähr 3 bis 4 Minuten anbraten lassen.

Nährwerte pro Pfannkuchen: Kalorien: 243, Fett: 9 Gramm, Eiweiß: 5 Gramm, Kohlenhydrate: 32 Gramm

Donuts

Für 4 bis 6 Stück:

Zubereitungszeit: etwa 10 Minuten

Zutaten:

- ✓ 100 Gramm Quark oder vegane Alternative
- ✓ 60 ml ungesüßte Hafermilch
- ✓ 80 Gramm Maismehl
- ✓ 30 Gramm Maisstärke
- ✓ 60 Gramm Erythrit
- ✓ 1 Packung Backpulver
- ✓ 1 Prise Salz

Zubereitung:

1. Alle Zutaten zu einem elastischen Teig zusammenrühren und daraus 4 bis 6 runde Donuts formen.
2. Anschließend den Ofen auf 180 Grad vorheizen, die Donuts auf einem Blech platzieren und für 15 Minuten backen lassen.
3. Zum Schluss die fertigen Donuts aus dem Ofen holen, gut 10 Minuten abkühlen und servieren.

Nährwerte pro Donut: Kalorien: 287, Fett: 4 Gramm, Eiweiß: 9 Gramm, Kohlenhydrate: 32 Gramm

Brownie-Kügelchen

Für 12 Häppchen

Zubereitungszeit: etwa 10 Minuten + Gefrierzeit im Eisfach

Zutaten:

- ✓ 10 große Datteln
- ✓ 200 Gramm Walnüsse
- ✓ 30 Gramm rohes und zuckerfreies Kakaopulver
- ✓ 2 TL Vanilleextrakt
- ✓ ¼ TL Meersalz
- ✓ 1 TL Wasser
- ✓ etwa 2 EL Kakaopulver zum Wälzen der Kugeln

Zubereitung:

1. Zunächst die Walnüsse in einer Küchenmaschine fein hacken, die Datteln dazugeben und gründlich mixen.
2. Kakaopulver, Vanilleextrakt, Wasser und Meersalz mit dazugeben, die Masse zu 12 Kugeln formen und im Kakaopulver wälzen – fertig!

Tipp: Vor dem Essen ist es besser, die Brownie-Kügelchen für einen Moment in das Gefrierfach zu stellen.

Nährwerte pro Stück: Kalorien: 133, Fett: 10 Gramm, Eiweiß: 3 Gramm, Kohlenhydrate: 7 Gramm

Mandel-Energy-Balls

Für 20 Energy-Balls

Zubereitungszeit: etwa 10 Minuten

Zutaten:

- ✓ 150 Gramm gemahlene Mandeln
- ✓ 12 getrocknete Datteln
- ✓ 4 EL Kokosflocken
- ✓ jeweils 1 EL Chiasamen und zuckerfreies Kakaopulver
- ✓ 2 bis 3 EL Mandelmus
- ✓ 5 EL Sesam zum Wälzen
- ✓ 5 EL Kokosflocken zum Wälzen

Zubereitung:

1. Erst die Mandeln mit den Chiasamen und den Kokosflocken in der Küchenmaschine zusammenmixen.
2. Dann kommen das Mandelmus, Kakaopulver und ein Teil der Datteln mit dazu, gründlich mixen und nach und nach die restlichen Datteln mit dazugeben.
3. Mit den Händen aus der Masse 20 Kugeln formen – 10 Energy-Balls in den Kokosflocken und die anderen 10 im Sesam wälzen.

Nährwerte pro Stück: Kalorien: 115, Fett: 9 Gramm, Eiweiß: 3 Gramm, Kohlenhydrate: 5 Gramm

Rohe Lebkuchen-Torte

Für 1 Springform mit 20 cm Durchmesser

Zubereitungszeit: etwa 30 Minuten + Kühlzeit

Zutaten für den Boden:

- ✓ jeweils 150 Gramm Datteln und gemahlene Mandeln
- ✓ 2 bis 3 TL Zimt
- ✓ 1 Prise Salz

Zutaten für die Creme:

- ✓ 400 ml kalte Kokosmilch
- ✓ 200 Gramm eingeweichte Cashewkerne
- ✓ 8 EL flüssiges Kokosöl
- ✓ 6 EL Ahornsirup
- ✓ 2 EL Mandelmus (weiß)
- ✓ etwa jeweils 1 EL Lebkuchengewürz und Zimt

Zutaten zum Verzieren:

- ✓ Granatapfelkerne
- ✓ Einige zuckerfreie Schokoraspel

Zubereitung:

1. Zutaten für den Boden in einer Küchenmaschine zu einer homogenen Masse verarbeiten und in der Springform verteilen. Den Boden erst einmal in den Kühlschrank stellen.
2. Sämtliche Zutaten der Creme ebenfalls in der Küchenmaschine vermischen und pürieren. Die Creme dann gleichmäßig auf dem Boden des Kuchens verteilen, für rund 5 Stunden in den Kühlschrank stellen und vor dem Anschneiden mit Granatapfelkernen und Schokoladenraspeln toppen.

Nährwerte pro Stück bei 10 Stücken: Kalorien: 420, Fett: 32 Gramm, Eiweiß: 7 Gramm, Kohlenhydrate: 21 Gramm

Rohveganer Kokoskuchen mit Schokoglasur

Für 10 Stücke

Zubereitungszeit: etwa 15 Minuten + Kühlzeit

Zutaten für den Boden:

- ✓ 100 Gramm eingeweichte Mandeln
- ✓ 100 Gramm eingeweichte Datteln

Zutaten für den Belag:

- ✓ 300 Gramm Kokosraspel
- ✓ 250 ml Kokosmilch
- ✓ 3 EL Agavendicksaft

Zutaten für die Glasur:

- ✓ 100 Gramm zuckerfreie Zartbitterschokolade
- ✓ 50 Gramm Kokosöl

Zubereitung:

1. Die Nüsse und die Datteln in einer Küchenmaschine oder einem Mixer grob zerkleinern und dann in einer runden Springform zu einem Kuchenboden formen.
2. Nun die Zutaten für den Belag in den Mixer geben und 90 bis 120 Sekunden zerkleinern, bis eine cremige Masse entstanden ist.
3. Danach die Kokosmasse auf dem Teigboden verteilen und im Kühlschrank für 1 Stunde ruhen lassen.

4. Jetzt die Schokolade und das Kokosöl für die Glasur in einem Wasserbad schmelzen lassen und miteinander vermengen.
5. Abschließend den Kuchen mit der Schokolade überziehen und für weitere 4 Stunden im Kühlschrank ruhen lassen, bevor er dann in Stücke geschnitten wird.

Nährwerte pro Stück: Kalorien: 263, Fett: 22 Gramm, Eiweiß: 8 Gramm, Kohlenhydrate: 19 Gramm

Fruchtiger Mango-Kuchen

Für 10 Portionen

Zubereitungszeit: etwa 20 Minuten + Kühlzeit

Zutaten für den Boden:

- ✓ 100 Gramm eingeweichte Datteln
- ✓ 100 Gramm eingeweichte Sonnenblumenkerne

Zutaten für den Belag:

- ✓ 200 Gramm eingeweichte Cashewkerne
- ✓ 100 ml Wasser
- ✓ 100 Gramm Kokosraspel
- ✓ 2 EL Agavendicksaft
- ✓ 6 EL Kokosöl
- ✓ 200 Gramm Mango

Zubereitung:

1. Als Erstes die Nüsse und die Datteln in einer Küchenmaschine oder einem Mixer grob zerkleinern und dann in einer runden Springform zu einem Kuchenboden formen.

2. Nun die Zutaten für den Belag in den Mixer geben und 90 bis 120 Sekunden zerkleinern, bis eine cremige Masse entstanden ist.
3. Abschließend die Cashew-Mango-Masse auf dem Teigboden verteilen und im Kühlschrank für 4 Stunden ruhen lassen.

Nährwerte pro Stück: Kalorien: 163, Fett: 16 Gramm, Eiweiß: 8 Gramm, Kohlenhydrate: 14 Gramm

Rohvegane Kekse

Für 20 Portionen

Zubereitungszeit: etwa 15 Minuten + Kühlzeit

Zutaten:

- ✓ 50 Gramm Mandelmehl
- ✓ 50 Gramm gemahlene Haselnüsse
- ✓ 50 Gramm Kokosmehl
- ✓ 50 Gramm Kokosöl
- ✓ 3 EL Agavendicksaft

Zubereitung:

1. Zuerst die trockenen Zutaten miteinander vermengen und den Agavendicksaft dazugeben.
2. Nun nach und nach das Kokosöl hinzugeben, bis eine teigige Masse entsteht.
3. Aus der Masse 20 Kekse formen, auf einem Blech verteilen und im Kühlschrank für 3 Stunden aufbewahren, bevor die Kekse serviert werden.

Nährwerte pro Stück: Kalorien: 86, Fett: 6 Gramm, Eiweiß: 2 Gramm, Kohlenhydrate: 9 Gramm

Rohvegane Walnuss-Mandel-Cookies

Für 24 Cookies

Zubereitungszeit: etwa 1 Stunde + Trockenzeit

Zutaten für die Cookies:

- ✓ 200 Gramm Walnusskerne
- ✓ 100 Gramm Kokosmehl
- ✓ 200 Gramm feuchter Mandeltrester
- ✓ 100 gemahlene Mandeln
- ✓ 150 Gramm Dattelpaste
- ✓ 50 Gramm Agavendicksaft
- ✓ 20 Gramm Kokosblütenzucker
- ✓ 30 Gramm zuckerfreies Kakaopulver
- ✓ etwas Zimt

Zutaten für die Glasur:

- ✓ 110 Gramm Kakaobutter
- ✓ 35 Gramm zuckerfreies Kakaopulver
- ✓ 65 Gramm Agavendicksaft
- ✓ etwas Vanillepulver, Zimt und 1 Prise Salz

Zubereitung:

1. Die Walnüsse fein mahlen und dann mit allen weiteren Zutaten für die Cookies in einer Schüssel zu einem Teig verarbeiten.

2. Den Teig zwischen zwei Blättern Backpapier ausrollen, 24 Kekse ausstechen und im Dörrgerät bei 42 Grad für 10 Stunden dörren lassen (oder im Backofen bei 50 Grad und etwas geöffneter Ofentür für 8 Stunden).
3. Für die Glasur die Kakaobutter im warmen, jedoch nicht heißen Wasserbad schmelzen, die weiteren Zutaten einrühren, leicht abkühlen lassen und die Cookies darin eintauchen.
4. Am besten trocknen die Cookies, wenn sie für einige Minuten in den Kühlschrank gestellt werden.

Nährwerte pro Stück: Kalorien: 220, Fett: 17 Gramm, Eiweiß: 5 Gramm, Kohlenhydrate: 8 Gramm

Veganer Himbeerkuchen

Für 10 Stücke

Zubereitungszeit: etwa 15 Minuten + Kühlzeit

Zutaten für den Boden:

- ✓ 300 Gramm Walnüsse
- ✓ 100 Gramm Mandeln
- ✓ 2 EL Wasser
- ✓ 250 Gramm weiche Datteln
- ✓ Zimt
- ✓ 1 Prise Salz

Zutaten für den Belag:

- ✓ 100 Gramm getrocknete Himbeeren
- ✓ 250 Gramm eingeweichte Cashewkerne
- ✓ 50 Gramm Agavendicksaft
- ✓ 20 Gramm Kokosöl

Zubereitung:

1. Als Erstes die Nüsse, die Datteln, den Zimt und die Prise Salz in einer Küchenmaschine oder einem Mixer grob zerkleinern und dann in einer runden Springform zu einem Kuchenboden formen.
2. Nun alle Zutaten für den Belag in den Mixer geben und 90 bis 120 Sekunden zerkleinern, bis eine cremige Masse entstanden ist.
3. Abschließend die so entstandene Cashew-Himbeer-Masse auf dem Teigboden verteilen und im Kühlschrank für 4 Stunden ruhen lassen, bevor der Himbeerkuchen angeschnitten wird.

Nährwerte pro Stück: Kalorien: 178, Fett: 15 Gramm, Eiweiß: 8 Gramm, Kohlenhydrate: 11 Gramm

Rohvegane Pralinen

Für 20 Pralinen

Zubereitungszeit: etwa 10 Minuten + Kühlzeit

Zutaten:

- ✓ 50 Gramm zuckerfreies Kakaopulver
- ✓ 300 Gramm gemahlene Haselnüsse
- ✓ 1 TL Vanilleextrakt
- ✓ 7 EL Agavendicksaft oder Reissirup
- ✓ 50 ml ungesüßte Mandelmilch

Zutaten für die Glasur:

- ✓ 20 Gramm Agavendicksaft oder Reissirup
- ✓ 3 EL Kokosöl
- ✓ 5 EL zuckerfreies Kakaopulver

Zubereitung:

1. Als Erstes die Grundzutaten für die Pralinen in einer Küchenmaschine oder einem Mixer grob zerkleinern und zu insgesamt 20 kleinen Kügelchen formen.
2. Nun in einer Schale den Agavendicksaft zusammen mit dem Kokosöl und dem Kakaopulver vermengen.
3. Zum Schluss die Kügelchen in der Glasur wälzen und im Kühlschrank für 2 Stunden ruhen lassen.

Nährwerte pro Stück: Kalorien: 63, Fett: 6 Gramm, Eiweiß: 2 Gramm, Kohlenhydrate: 7 Gramm

Tiramisu – gluten- und zuckerfrei

Für 6 Portionen

Zubereitungszeit: etwa 35 Minuten + Kühlzeit

Zutaten:

- ✓ 150 Gramm Naturjoghurt oder vegane Alternative
- ✓ 6 Eier oder vegane Alternative
- ✓ 1 Tasse starker Kaffee
- ✓ 50 Gramm Reismehl
- ✓ 2 EL Kakaopulver
- ✓ 500 Gramm Mascarpone
- ✓ 1 Schuss Rum
- ✓ 100 Gramm Erythrit
- ✓ 1 Prise Salz

Zubereitung:

1. Zuerst das Mehl mit dem Backpulver vermischen und in einer zweiten Schüssel ein Ei mit dem Zuckerersatz schaumig schlagen.
2. Dann die Mehlmischung mit der schaumigen Eiermasse zu einem glatten Teig rühren.
3. Nun den Teig in einem Dampfgarer für 20 Minuten garen lassen und parallel die Creme vorbereiten.
4. Hierfür die Eier trennen, das Eiweiß steif schlagen und unter den Mascarpone heben. Das Eigelb mit etwas Erythrit schaumig rühren und mit dem Mascarpone vermengen.
5. Jetzt den Kaffee und den Rum zu dem Mascarpone hinzugeben und gut vermischen.
6. Abschließend den Teig in Streifen schneiden und dann mit

der Creme jeweils 2 Mal schichten.

7. Zum Schluss das Ganze für 4 Stunden im Kühlschrank aufbewahren, bevor es zum Verzehr vorbereitet wird.

Nährwerte pro Portion: Kalorien: 296, Fett: 18 Gramm, Eiweiß: 12 Gramm, Kohlenhydrate: 23 Gramm

Kuchen

Veganer Kuchen mit Karotten

Für 10 bis 12 Stücke

Zubereitungszeit: etwa 20 Minuten

Trockene Zutaten:

- ✓ 160 Gramm Reismehl
- ✓ 30 Gramm Kokosmehl
- ✓ 40 Gramm Mandelmehl
- ✓ 50 Gramm Tapiokastärke
- ✓ 2 TL Backpulver
- ✓ ½ TL Natron

Feuchte Zutaten:

- ✓ 3 bis 4 fein geraspelte Möhren
- ✓ 120 ml Kokosmilch
- ✓ 80 ml Agavendicksaft
- ✓ 2 EL Chiasamen
- ✓ 1 TL Vanilleextrakt

Zutaten für die Glasur:

- ✓ 70 Gramm Erythrit
- ✓ 30 ml Kokosmilch
- ✓ 2 Spritzer Zitronensaft

Zubereitung:

1. Zuerst die Chiasamen in die dreifache Menge Wasser geben

und quellen lassen. Anschließend die trockenen Zutaten in eine Schüssel geben und miteinander verrühren.

2. Danach die feuchten Zutaten in einer weiteren Schüssel vermischen, glattrühren und anschließend mit den trockenen Zutaten in einer Küchenmaschine zu einer homogenen Masse rühren.
3. Jetzt eine Kuchenform mit Butter oder Kokosöl einfetten und den Teig hinzugeben. Danach im Ofen für 40 Minuten bei 180 Grad backen lassen.
4. Während der Teig backt, die Zuckerglasur vorbereiten, indem man den Zuckerersatz mit der Kokosmilch und dem Zitronensaft zu einer Creme verrührt. Bis der Kuchen fertig gebacken und abgekühlt ist, die Glasur im Kühlschrank aufbewahren.
5. Zum Schluss den Kuchen mit der Glasur bestreichen und genießen.

Nährwerte pro Stück: Kalorien: 233, Fett: 19 Gramm, Eiweiß: 5 Gramm, Kohlenhydrate: 25 Gramm

Glutenfreie Torte mit Johannisbeeren

Für 10 Stücke

Zubereitungszeit: etwa 30 Minuten + Kühl- und Backzeit

Zutaten für den Teig:

- ✓ 150 Gramm Butter oder Ghee
- ✓ 280 Gramm Mandelmehl
- ✓ 200 Gramm Erythrit
- ✓ 1 TL Backpulver
- ✓ 20 Gramm Maisstärke
- ✓ 4 Eier oder etwa 12 EL zuckerfreies Apfelmus
- ✓ 1 Prise Salz

Zutaten für die Füllung:

- ✓ 400 ml Sahne oder die vegane Variante zum Schlagen
- ✓ 500 Gramm Johannisbeeren
- ✓ 200 Gramm Erythrit
- ✓ 50 Gramm Gelatine oder entsprechend vegane Alternative
- ✓ 250 ml Johannisbeersaft

Zubereitung:

1. Als Erstes den Ofen auf 180 Grad vorheizen. Danach Zucker mit der Butter und dem Salz schaumig schlagen und die Eier hinzugeben.
2. Jetzt das Mandelmehl und die Maisstärke unterrühren und zu einer homogenen Masse mischen.
3. Danach den Teig in eine eingefettete Springform geben und für 30 Minuten backen lassen.

4. Während der Backzeit die Füllung vorbereiten. Hierfür Johannisbeeren waschen, Gelatine aufweichen und Johannisbeersaft zusammen mit dem Zucker erwärmen.
5. Danach die Gelatine und die Beeren hinzugeben, kräftig umrühren und anschließend für 1 Stunde in den Kühlschrank stellen.
6. Nun die Sahne steif schlagen und unter die Füllung heben. Zum Schluss die Masse auf den Teigboden geben und im Kühlschrank für eine weitere Stunde abkühlen lassen.

Nährwerte pro Stück: Kalorien: 314, Fett: 24 Gramm, Eiweiß: 7 Gramm, Kohlenhydrate: 28Gramm

Zuckerfreier Käsekuchen

Für 8 bis 10 Stücke

Zubereitungszeit: etwa 15 Minuten

Zutaten:

- ✓ 250 Gramm Butter oder Ghee
- ✓ 1 Kilo Quark (oder vegane Alternative)
- ✓ 150 ml Ahornsirup
- ✓ 5 Eier (oder vegane Alternative)
- ✓ 50 Gramm Kartoffelstärke
- ✓ 2 TL Vanilleextrakt

Zubereitung:

1. Als Erstes den Ofen auf 180 Grad vorheizen. Dann die Eier trennen und das Eiweiß steif schlagen. Das Eigelb zusammen mit der Butter, der Stärke und dem Sirup schaumig rühren.
2. Nun den Quark unterheben und das Eiweiß dazugeben. In eine Springform füllen und für 50 Minuten backen lassen.
3. Zum Schluss aus dem Ofen herausnehmen, abkühlen lassen und in Stücke schneiden.

Nährwerte pro Stück: Kalorien: 329, Fett: 27 Gramm, Eiweiß: 11 Gramm, Kohlenhydrate: 26 Gramm

Streuselkuchen mit Äpfeln

Für 10 Stücke

Zubereitungszeit: etwa 20 Minuten

Zutaten für den Kuchen:

- ✓ 300 Gramm Reismehl
- ✓ 60 Gramm Kartoffelstärke
- ✓ 200 Gramm Butter oder Ghee
- ✓ 1 Ei oder 3 EL ungesüßtes Apfelmus
- ✓ 400 Gramm Apfelmus, ungesüßt
- ✓ 200 Gramm Erythrit
- ✓ 1 Prise Salz

Zutaten für die Streusel:

- ✓ 50 Gramm gemahlene Haselnüsse
- ✓ 80 ml Ahornsirup
- ✓ 50 Gramm Butter oder Ghee

Zubereitung:

1. Als Erstes den Ofen auf 180 Grad vorheizen. Jetzt die Butter oder das Ghee mit dem Zuckerersatz und dem Ei schaumig schlagen. Alternativ zum Ei können hier 3 EL Apfelmus genommen werden.
2. Danach das Mehl mit der Maisstärke und der Prise Salz vermischen und die schaumig geschlagene Masse unterrühren.
3. Nun den Teig in die Form geben und für 30 Minuten backen lassen.

4. Währenddessen die Streusel vorbereiten, indem Butter oder Ghee, Sirup und gemahlene Haselnüsse in einer Pfanne erhitzt werden.
5. Kuchenboden aus dem Ofen holen, das Apfelmus verteilen und mit Streuseln versehen.
6. Anschließend weitere 20 bis 30 Minuten backen lassen.

<u>Nährwerte pro Stück:</u> Kalorien: 311, Fett: 24 Gramm, Eiweiß: 8 Gramm, Kohlenhydrate: 29 Gramm

Pflaumenkuchen

Für 8 Stücke

Zubereitungszeit: etwa 15 Minuten

Zutaten:

- ✓ 1,5 Kilogramm Pflaumen
- ✓ 150 Gramm Reismehl
- ✓ 150 Gramm Erythrit
- ✓ 4 Eier oder 12 EL zuckerfreies Apfelmus (oder 2 Bananen)
- ✓ 120 Gramm Buchweizenmehl
- ✓ 1 Prise Salz
- ✓ 2 TL Backpulver
- ✓ 200 Gramm Kokosfett

Zubereitung:

1. Zuerst die Pflaumen waschen, halbieren und entsteinen. Anschließend das Kokosfett mit dem Zuckerersatz und den Eiern oder dem Ei-Ersatz schaumig schlagen.
2. Nun die Mehlsorten und das Backpulver hinzugeben, den Teig auf dem Backblech verteilen und mit den halbierten Pflaumen belegen.
3. Zum Schluss den rohen Kuchen bei 180 Grad im vorgeheizten Backofen für 30 bis 40 Minuten backen lassen.

Nährwerte pro Stück: Kalorien: 298, Fett: 22 Gramm, Eiweiß: 5 Gramm, Kohlenhydrate: 32 Gramm

Schokokuchen

Für 8 Stücke

Zubereitungszeit: etwa 20 Minuten

Zutaten:

- ✓ 6 Eier (oder vegane Alternative)
- ✓ 250 Gramm Datteln
- ✓ 200 ml Wasser
- ✓ 200 Gramm Mandelmehl
- ✓ 50 Gramm entöltes, zuckerfreies Kakaopulver
- ✓ 1 TL Vanilleextrakt
- ✓ 1 Prise Salz

Zubereitung:

1. Zuerst den Backofen auf 170 Grad vorheizen und eine Springform mit Kokosöl einfetten. Danach die Eier trennen und das Eiweiß steif schlagen.
2. Nun die Datteln zusammen mit dem Wasser in einem Mixer zu einem Püree verarbeiten und das Eigelb zusammen mit den anderen Zutaten verrühren.
3. Anschließend alles miteinander vermischen, bis eine homogene Masse entsteht, und diese in die Springform geben.
4. Zum Schluss für 30 Minuten backen, abkühlen lassen und in Stücke schneiden.

Nährwerte pro Stück: Kalorien: 318, Fett: 21 Gramm, Eiweiß: 11 Gramm, Kohlenhydrate: 31 Gramm

Bananen-Schoko-Kuchen mit Schokoladenglasur

Für 1 Kastenbackform

Zubereitungszeit: etwa 1 Stunde + Einweich- und Kühlzeit

Zutaten für den Boden:

- ✓ 200 Gramm gemahlene Mandeln
- ✓ 300 Gramm feuchter Mandeltrester
- ✓ 200 Gramm Dattelpaste
- ✓ 20 Gramm Kokosmehl
- ✓ 75 Gramm Buchweizen
- ✓ 50 Gramm Leinsamen
- ✓ 40 Gramm Kokosblütenzucker

Zutaten für die Bananenfüllung:

- ✓ 450 Gramm Bananen
- ✓ 150 ml Wasser
- ✓ 150 Gramm eingeweichte Cashewnüsse
- ✓ 75 Gramm Agavendicksaft
- ✓ 60 Gramm flüssiges Kokosöl
- ✓ etwas Vanillepulver, 1 Prise Salz

Zutaten für die Schokoladenfüllung:

- ✓ 75 Gramm zuckerfreies Kakaopulver
- ✓ 75 Gramm Agavendicksaft
- ✓ 150 Gramm eingeweichte Cashewnüsse
- ✓ 150 ml Wasser
- ✓ 50 Gramm flüssiges Kokosöl
- ✓ 1 TL Zimt, etwas Vanillepulver

Zutaten für die Glasur:

- ✓ jeweils 30 Gramm Kakaobutter und zuckerfreies Kakaopulver

Zubereitung:

1. Zuerst alle Zutaten für den Boden in einer Küchenmaschine fein hacken, zu einem Teig verkneten und diesen für rund 2 Stunden kaltstellen.
2. Die Kastenbackform mit Frischhaltefolie auslegen, den Teig etwa 2 cm dick ausrollen, als Boden in die Form geben und den Rest für den späteren Deckel beiseitestellen.
3. Alle Zutaten für die Bananenfüllung ebenfalls im Mixer oder in der Küchenmaschine mixen und die Masse auf dem Boden möglichst gleichmäßig verteilen.
4. Im vorletzten Schritt die Zutaten für die Schokoladenfüllung auch wieder fein hacken und auf die Bananenmasse geben, mit einer Gabel beide Füllungen vorsichtig vermengen und dann den restlichen Teig als Deckel darüber geben.
5. Für mindestens 10 Stunden im Kühlschrank kühlen und im letzten Schritt die Kakaobutter im warmen Wasserbad schmelzen, Kakaopulver unterrühren und eventuell etwas mit Agavendicksaft süßen. Über dem Kuchen verteilen, noch einmal 1 Stunde kaltstellen und dann anschneiden.

Nährwerte pro Stück bei 12 Stücken: Kalorien: 710, Fett: 25 Gramm, Eiweiß: 11 Gramm, Kohlenhydrate: 30 Gramm

Gluten- und zuckerfreier Marmorkuchen

Für 10 bis 12 Stücke

Zubereitungszeit:

Trockene Zutaten:

- ✓ 500 Gramm Reismehl
- ✓ 1 Packung Weinsteinbackpulver
- ✓ 30 Gramm zuckerfreies Kakaopulver
- ✓ 1 Prise Salz

Feuchte Zutaten:

- ✓ 250 ml ungesüßte Hafermilch
- ✓ 250 Gramm Kokosöl
- ✓ 3 kleine, sehr reife Bananen
- ✓ 100 Gramm Mandelsplitter
- ✓ 250 Gramm Erythrit

Glasur:

- ✓ 200 Gramm zuckerfreie Kuvertüre
- ✓ 30 Gramm Erythrit
- ✓ 50 ml Hafermilch

Zubereitung:

1. Zuerst den Ofen auf 200 Grad vorheizen. Danach das Kokosöl mit dem Erythrit verrühren, die Bananen zu feinem Mus zerdrücken und hinzugeben.
2. Nun das Mehl mit dem Backpulver vermischen und die Hafermilch hinzugeben. Anschließend die Ölmischung unterheben und zu einer homogenen Masse verrühren.

3. Zwei Drittel des Teiges in eine Kuchenform geben und das andere Drittel mit dem Kakaopulver vermischen. Danach die Kakao-Teigmischung über den anderen Teig geben und für 60 Minuten backen lassen.
4. Während der Backzeit die Glasur vorbereiten, indem Kuvertüre im Wasserbad geschmolzen und mit den restlichen Zutaten vermengt wird.
5. Zum Schluss den Kuchen aus dem Ofen nehmen, abkühlen lassen und mit der Kuvertüre glasieren. Den Marmorkuchen dann in insgesamt 10 bis 12 Stücke schneiden.

Nährwerte pro Stück: Kalorien: 293, Fett: 18 Gramm, Eiweiß: 5 Gramm, Kohlenhydrate: 34 Gramm

Gesunde Brote

Bananenbrot

Zubereitungszeit: etwa 10 Minuten + Backzeit

Zutaten:

- ✓ 3 sehr reife Bananen
- ✓ 300 Gramm glutenfreie Haferflocken
- ✓ 120 Gramm Möhre oder Zucchini
- ✓ 4 EL zuckerfreies Apfelmus
- ✓ 50 Gramm gehackte Walnüsse oder Haselnüsse
- ✓ 2 EL Leinsamenschrot
- ✓ 1 bis 2 EL Zimt
- ✓ ½ bis 1 TL Vanillepulver

Zubereitung:

1. Zuerst den Backofen auf 200 Grad vorheizen und eine Kastenbackform mit Backpapier auslegen oder mit Kokosöl einfetten.
2. Dann die Leinsamen in einem Schüsselchen mit 6 Esslöffeln Wasser vermischen, quellen lassen und die Haferflocken im Mixer oder in der Kaffeemühle zu Mehl verarbeiten.
3. Zucchini oder Möhren raspeln, Bananen zu feinem Mus zerdrücken und beides zusammen mit dem Haferflockenmehl und allen weiteren Zutaten in einer Schüssel zu einem glatten Teig verrühren.
4. Teig in die Form füllen und für etwa 50 Minuten backen – Stäbchenprobe nicht vergessen, um zu testen, ob das Bananenbrot gar ist.

Nährwerte pro Scheibe bei 12 Scheiben: Kalorien: 150, Fett: 5 Gramm, Eiweiß: 5 Gramm, Kohlenhydrate: 20 Gramm

Haselnussbrot

Zubereitungszeit: etwa 20 Minuten

Zutaten:

- ✓ 400 Gramm glutenfreies helles Mehl
- ✓ 100 Gramm gemahlene Haselnüsse
- ✓ 1 Würfel frische Hefe
- ✓ 1 TL Salz
- ✓ 360 ml lauwarmes Wasser
- ✓ 1 Handvoll ganze Haselnüsse
- ✓ 1 EL Rapsöl

Zubereitung:

1. Alle trockenen Zutaten in einer Schüssel mischen, die frische Hefe im lauwarmen Wasser auflösen und zusammen mit dem Rapsöl dazugeben. Gründlich zu einem Teig verkneten.
2. Den Backofen auf 230 Grad vorheizen, eine Kastenbackform einfetten und den Teig hineingeben. Erst einmal die Form abdecken und den Teig so lange gehen lassen, bis er die Form ganz ausfüllt.
3. Dann wird der Teig oben mit ein wenig Öl eingepinselt und kommt in den Ofen – erst für 10 Minuten backen lassen und dann den Backofen auf 200 Grad herunterstellen und das Brot bei dieser Temperatur weitere 30 Minuten backen. Nach etwa der Hälfte der Zeit sollte das Haselnussbrot noch einmal mit Öl eingepinselt werden – abkühlen lassen und dann erst anschneiden.

Nährwerte pro Scheibe bei 10 Scheiben: Kalorien: 246, Fett: 10 Gramm, Eiweiß: 4 Gramm, Kohlenhydrate: 30 Gramm

Kastanienbrot mit Rosinen

Zubereitungszeit: etwa 20 Minuten + Einweichzeit der Nüsse

Zutaten:

- ✓ 500 Gramm Kastanienmehl
- ✓ jeweils 150 Gramm Walnüsse und Rosinen
- ✓ 70 Gramm Sonnenblumenkerne
- ✓ 3 EL Ahornsirup
- ✓ 4 EL Ghee
- ✓ 1 Prise Salz
- ✓ etwas frischer Rosmarin nach Geschmack

Zubereitung:

1. Die Walnüsse und Sonnenblumenkerne für 5 Stunden in etwas Wasser einweichen und das Wasser anschließend wegkippen. Außerdem werden die Rosinen in 700 ml Wasser für 90 Minuten eingeweicht – das Einweichwasser der Rosinen wird aber nicht weggeschüttet.
2. In einer Schüssel zum Kastanienmehl nach und nach das Einweichwasser der Rosinen dazugeben, Salz, Ahornsirup und gehackten Rosmarin nach Geschmack ebenfalls unterrühren.
3. Jetzt werden die Nüsse gehackt und mit den Rosinen und Sonnenblumenkernen vermischt. Rund ein Drittel der Mischung beiseitestellen und den Rest unter den Teig rühren. Eine Kastenbackform mit Ghee einfetten, den Teig hineinfüllen und bei 175 Grad im vorgeheizten Backofen für 20 Minuten backen.
4. Nach dieser Backzeit das Kastanienbrot kurz herausnehmen, die restlichen Nüsse und Rosinen gleichmäßig darauf verteilen, mit dem flüssigen Ghee übergießen und noch

einmal für 30 Minuten im Ofen backen.

5. Herausnehmen und gut abkühlen lassen, bevor das süße Kastanienbrot angeschnitten wird.

Nährwerte pro Scheibe bei 10 Scheiben: Kalorien: 312, Fett: 18 Gramm, Eiweiß: 3 Gramm, Kohlenhydrate: 31 Gramm

Flohsamen-Brot mit Trockenfrüchten

Zubereitungszeit: etwa 30 Minuten + rund 8 Stunden Gehzeit

Zutaten:

- ✓ 150 zarte, glutenfreie Haferflocken
- ✓ 90 Gramm Leinsamen
- ✓ 65 Gramm Haselnüsse
- ✓ 350 ml Wasser
- ✓ 4 EL Chiasamen + 3 EL Flohsamen
- ✓ 4 EL Rosinen
- ✓ jeweils 4 getrocknete Datteln, Aprikosen und Pflaumen
- ✓ 2 Feigen
- ✓ 1 EL Ahornsirup
- ✓ 3 EL Kokosöl
- ✓ 1,5 TL Meersalz

Zubereitung:

1. Zunächst wird alles vorbereitet, damit der Teig über Nacht gehen kann. Dafür sämtliche trockenen Zutaten gründlich in einer Schüssel vermischen, die Haselnüsse hacken und dazugeben.

2. Jetzt wird das Kokosöl geschmolzen und mit Wasser und Ahornsirup vermischt. Die Mischung unter die trockenen Zutaten rühren, bis ein gleichmäßiger Teig entstanden ist. Eventuell noch etwas Wasser oder einige Flohsamen hinzugeben, falls der Teig noch zu feucht oder zu trocken wirkt.
3. Eine Kastenbackform mit Backpapier auslegen, den Teig hineingeben und für 6 bis 8 Stunden abgedeckt ruhen lassen.
4. Den Backofen auf 180 Grad vorheizen, den Teig etwas mit Wasser bestreichen und für 60 Minuten backen lassen. Nach der Hälfte der Zeit noch einmal mit Wasser bestreichen und eventuell abdecken, falls das Brot zu dunkel wird.

5. Dann kann das süße Flohsamen-Brot abkühlen und wird im Anschluss angeschnitten.

Nährwerte pro Scheibe bei 10 Scheiben: Kalorien: 220, Fett: 12 Gramm, Eiweiß: 4 Gramm, Kohlenhydrate: 18 Gramm

Früchtebrot

Zubereitungszeit: etwa 20 Minuten

Zutaten:

- ✓ 50 Gramm Kokosmehl
- ✓ 150 Gramm gemahlene Mandeln
- ✓ 40 Gramm Ghee
- ✓ 2 TL Weinsteinbackpulver
- ✓ 4 Eier oder vegane Alternative
- ✓ 4 EL Ahornsirup
- ✓ 100 Gramm Walnüsse
- ✓ 100 Gramm getrocknete Feigen
- ✓ 100 Gramm Datteln
- ✓ 1 säuerlicher Apfel
- ✓ 1 Banane
- ✓ jeweils 2 TL Zimt, Muskat, Vanillepulver und Nelkenpulver

Zubereitung:

1. Die Eier in einer Schüssel schaumig aufschlagen, Ghee und Ahornsirup unterrühren und die Banane mit einer Gabel fein zerdrücken, den Apfel raspeln.
2. Bananenmus und Apfel, gemahlene Mandeln, Kokosmehl und alle Gewürze mit unterrühren. Walnüsse und Trockenfrüchte hacken und ebenfalls dazugeben.
3. Den Backofen auf 160 Grad vorheizen, eine Kastenbackform mit Backpapier auslegen oder mit Kokosöl einfetten, Teig hineingeben und für 45 Minuten backen. Auskühlen lassen und anschneiden.

Tipp: Die Eier lassen sich wie folgt ersetzen: Für 1 Ei können 3 EL Apfelmus oder ½ Banane genommen werden – beide Alternativen passen gut zu dem Früchtebrot. In diesem Fall wären es also entweder 2 Bananen zusätzlich oder 12 EL Apfelmus. Neutraler und weniger süß wären 1 EL Chiasamen und 3 EL Wasser pro Ei. Fertiger Ei-Ersatz wäre ebenfalls eine Möglichkeit.

Nährwerte pro Scheibe bei 10 Scheiben: Kalorien: 350, Fett: 11 Gramm, Eiweiß: 9 Gramm, Kohlenhydrate: 20 Gramm

Veganes Kokos-Brot

Für 10 Scheiben

Zubereitungszeit: etwa 10 Minuten

Zutaten:

- ✓ 350 ml ungesüßte Mandelmilch
- ✓ 120 Gramm Erythrit
- ✓ 200 Gramm Reismehl
- ✓ 50 Gramm Kokosöl
- ✓ 1 Prise Salz
- ✓ 1 Päckchen Backpulver
- ✓ 100 Gramm Kokosraspel

Zubereitung:

1. Zuerst den Ofen auf 175 Grad vorheizen und eine Kastenbackform einfetten.
2. Anschließend das Mehl zusammen mit dem Backpulver in einer Schüssel vermengen. Dann alle weiteren Zutaten hinzugeben und alles zu einem Teig rühren.

3. Nun den Teig in die Backform geben und für 1 Stunde backen lassen.
4. Abschließend das fertige Brot aus dem Backofen nehmen, abkühlen lassen und servieren.

Nährwerte pro Scheibe: Kalorien: 228, Fett: 16 Gramm, Eiweiß: 5 Gramm, Kohlenhydrate: 28 Gramm

Fazit

Glutenfrei zu leben ist nicht nur für Menschen mit einer Unverträglichkeit wichtig, da eine glutenfreie Ernährung für jeden als gesünder angesehen wird. Darüber hinaus gehören glutenfreie und zuckerfreie Backrezepte oft zusammen und ergänzen sich sehr gut. In diesem Buch zeigt sich, dass selbst in der Weihnachtszeit viele Alternativen zu klassischen Plätzchen und anderen Leckereien auf gesunde Weise abgewandelt werden können.

Viele Rezepte sind außerdem rein pflanzlich und können von Veganern ebenfalls umgesetzt werden. Butter lässt sich in Rezepten im Normalfall durch Ghee, Milch durch ungesüßte Pflanzenmilch und weitere Milchprodukte lassen sich durch die entsprechende vegane Alternative ersetzen. Vorsicht ist jedoch bei Dinkelmilch geboten, da diese Gluten enthält! Hafermilch ohne Zucker lässt sich am einfachsten und schnellsten durch glutenfreie Haferflocken selbst machen.

Nicht ganz so einfach ist zum Teil das Weglassen der Eier, da Gluten als Bindemittel wirkt und glutenfreie Rezepte daher häufig Eier enthalten. Gute und funktionierende Alternativen sind beispielsweise eine halbe Banane oder 3 bis 4 Esslöffel ungesüßtes Apfelmus als Ersatz für ein Ei. Neutraler lässt sich ein Ei zum Beispiel durch 1 Esslöffel Chiasamen mit 3 Esslöffeln Wasser ersetzen, dabei sollte diese Mischung dann vor der Verwendung kurz quellen. Fertiger Ei-Ersatz bietet sich ebenfalls für Backrezepte aller Art an.

Glutenfrei und zuckerfrei Backen ist sehr vielseitig und so sind Weihnachtsklassiker wie Zimtstern und Spritzgebäck genau wie Cookies, Brownies, Kuchen mit und ohne Backen oder süße Brote möglich. Geschmacklich überzeugen die Optionen ganz klar – für die Gesundheit sind gesunde Backrezepte ebenfalls eine gute und leckere Lösung. Viel Spaß beim Ausprobieren der gesunden, glutenfreien Rezepte!

Weitere Bücher von Carola Schürmann

Grille dein Gemüse! Das ultimative Grillbuch für eine gesunde, pflanzliche Ernährung mit Gemüse und Obst 150 köstliche Rezepte für Vegetarier, Veganer und Liebhaber einer gesunden Küche

https://amzn.to/2yglUdw

Gesundheit auf der Haut. **Naturkosmetik** zum Selbermachen. *einfach *günstig *gesund

https://amzn.to/2Jqj2fW

Salate und Kräuter für jede Jahreszeit: Saisonal essen & gesund bleiben - 80 leckere Rezepte und über 25 Dressings

https://amzn.to/2UVkGLW

Fermentation, Kombucha, Kefir, Milchsaures - Gesunde Lebensmittel selbst herstellen: DIY-Handbuch für Selbstversorger, Einsteiger und Liebhaber der bewussten Ernährung für eine bessere Darmgesundheit

https://amzn.to/2YktZbQ

Weitere Infos, Rezepte und Tipps gibt es auf dieser Webseite:

https://gesund-und-bunt.webnode.com/

Haftungsausschluss

Der Inhalt dieses Buches wurde mit großer Sorgfalt geprüft und erstellt. Für sämtliche Inhalte kann jedoch keine Garantie übernommen werden. Dies gilt weder für die Richtigkeit, Vollständigkeit, noch Aktualität der Inhalte. Alle enthaltenen Informationen basieren lediglich auf der eigenen Meinung und persönliche Erfahrung der Autorin. Der Inhalt darf keines Falls als medizinische Hilfe gesehen werden. Für selbstverursachte Schäden und Fehlhandlung des Lesers wird daher keine juristische Haftung Seitens der Autorin übernommen. Zudem garantiert die Autorin keinerlei Erfolge mit dem im Buch erwähnten Informationen, da diese wie oben genannt nur auf persönliche Erfahrung der Autorin basieren und lediglich als Unterhaltung diesen sollen. Gleichzeitig wird keine Haftung auf den im Buch angegebenen Quellen und externen Webseiten übernommen. Für all diese Inhalte ist einzig und allein der jeweilige Webseitenbetreiber verantwortlich weshalb die Autorin automatisch von einer Haftung ausgeschlossen ist.

Impressum

1. Auflage 2019

Kontakt: Carola Schürmann c/o Silke Siegel, Karl-Nahrgang-Str. 27, 63329 Egelsbach

Coverfoto: Shutterstock

Printed in Poland
by Amazon Fulfillment
Poland Sp. z o.o., Wrocław

65498343R00054